Wort und Bild, Band 2: Leben Jesu

Leben Jesu

Bilder zum Leben
und zu den Wundern Jesu
mit Texten
aus den vier Evangelien

Zusammengestellt
und mit begleitenden Texten versehen
von Friederike Aßmus-Neumann

© 1998 Legat-Verlag Erhard Gaß, Tübingen
Graphische Gestaltung: Peter Charisius, Stuttgart
Herstellung: Gulde-Druck GmbH, Tübingen
ISBN 3-932942-01-9

DANK

Viele Fachleute erklären in Kirchen und Museen Kunstwerke aus allen Epochen, so daß auch kunsthistorische Laien beeindruckt sind von den Gedanken und Gefühlen, die Gemälde und Statuen vermitteln können. Die dabei erworbenen Kenntnisse über die Entstehung, Bedeutung und Wirkung von Bildern machen auch aus einem wißbegierigen Zuhörer noch keinen Experten, sie helfen ihm aber, die kulturelle Entwicklung Europas besser zu verstehen.

Überraschenderweise wurde der Wunsch, solche Informationen auf allgemein verständlichem Niveau auch in Büchern wiederzufinden, lange Zeit nur wenig beachtet. Dies führte mich im Laufe der Jahre zu dem Entschluß, Interessierten eine Buchreihe über christliche Kunst anzubieten. Die Beschränkung auf den kirchlichen Bereich erscheint sinnvoll, weil sich die Kunst in unserem Kulturkreis über viele Jahrhunderte hinweg fast ausschließlich mit religiösen Motiven beschäftigte.

Konkrete Anregungen zu dem Vorhaben erhielt ich durch sachkundige Führungen in Kirchen und Museen, aber auch bei vielen anderen Anlässen.

Seit ich nun das Programm ernsthaft in Angriff genommen habe, sind mir von vielen Seiten in uneigennütziger Weise tatkräftige Hilfe und wertvolle Beratung zuteil geworden, ohne die eine Verwirklichung der Pläne nicht möglich gewesen wäre.

Ich sehe mich deshalb vielen Menschen zu Dank verpflichtet.

Es wäre ungerecht, nur einige aufzuführen und viele andere unerwähnt zu lassen.
Ich danke daher ohne Namen zu nennen allen,
die zu meinem Entschluß, oft ohne es zu wisen, beigetragen haben und allen,
die mir auf irgendeine Art und Weise
beim Vorbereiten und Verlegen der Bücher geholfen haben.

Erhard Gaß

ZUR BUCHREIHE ‚WORT UND BILD‘

Die Kunst des Abendlandes befaßte sich von der Spätantike bis in die Neuzeit hinein fast ausschließlich mit christlichen Motiven. Und auch später beschäftigten sich Maler, Bildhauer und Graphiker oft mit religiösen Themen. Vielen modernen Menschen sind diese Kunstwerke in den Kirchen und Museen fremd geworden, weil ihnen oftmals das Wissen fehlt, das die Voraussetzungen für das Verstehen christlicher Kunst schafft.

Die mit diesem Buch fortgesetzte Reihe soll allen Interessierten den Zugang zu diesem Bereich abendländischer Kunst und Kultur erleichtern. Dazu wird an Beispielen gezeigt, wie während der 2000 Jahre, die seit Christi Geburt vergangen sind, Künstler das biblische Wort in Bilder umgesetzt haben.

Bei der Auswahl wurde angestrebt, die verschiedenen künstlerischen Techniken ebenso zu berücksichtigen wie die bedeutenden Epochen der abendländischen Kultur. Bei der großen Zahl der in Frage kommenden Kunstwerke muß aber jede Entscheidung subjektiv bleiben.

Die Bibeltexte sollen von allen wichtigen Ereignissen berichten, die in den vier Evangelien zum Thema des Buches enthalten sind. Auch bei dieser Auslese könnte man sicherlich aus gutem Grund zu einer anderen Zusammenstellung kommen.

Um dem Leser den Einstieg zu erleichtern, werden zu den im Text grau gekennzeichneten Begriffen kurze Erklärungen gegeben, die der Kundige überschlagen möge.

Der Verleger

ZU DIESEM BUCH

Im zweiten Band der Reihe ‚Wort und Bild‘ werden Kunstwerke vorgestellt, die das Wirken Jesu von seinem ersten Auftreten in der Öffentlichkeit bis zum Einzug in Jerusalem zum Thema haben. Ausgespart sind die Predigten und Gleichnisse Jesu, zu welchen ein eigener Band in dieser Buchreihe erscheinen wird.

Am Beginn des Weges Jesu stehen die Taufe, die Versuchungen und die Berufung der Jünger. Einen Schwerpunkt bilden die vielen verschiedenen Wunder, die er bewirkte und die seine göttliche Macht bezeugen: die Beherrschung von Wasser und Wind, die Speisewunder, die Heilung von Kranken und Besessenen und vor allem die Erweckung von Toten. Der Missionsauftrag an die Apostel und die Schlüsselübergabe an Petrus waren besonders wichtig für die Entstehung der christlichen Kirche. Die Verklärung Jesu am Berg Tabor und seine Salbung durch eine Frau weisen bereits auf seinen Tod hin. Mit dem Einzug in Jerusalem beginnt schließlich der Passionsweg.

Die einzelnen Kapitel dieses Bandes folgen dem biblischen Geschehen nicht chronologisch, sondern fassen die verschiedenen Ereignisse im Leben Jesu thematisch zusammen. So kann der Leser beispielsweise die Berufungen der Jünger oder eine bestimmte Krankenheilung leicht auffinden.

Für die meisten Begebenheiten aus Jesu Leben wurden mehrere Bildbeispiele ausgewählt, die die Gestaltung desselben Themas zu verschiedenen Zeiten aufzeigen sollen. Der Vergleich dieser Kunstwerke verdeutlicht, daß Glaubensauffassungen einem stetigen Wandel unterworfen waren. Auch das Bild, das sich die Menschen von Jesus gemacht haben, hat sich im Lauf der Jahrhunderte immer wieder verändert. In frühchristlicher, karolingischer und ottonischer Zeit, als sich das Christentum vor allem in Europa immer weiter ausbreitete, wurde die Allmacht Jesu hervorgehoben und dadurch das Ideal eines starken Gottes verherrlicht. Im darauf folgenden Mittelalter dagegen stellten die Künstler das Unverständnis, auf das Jesus in seinem Erdenleben stieß, und das Leiden des Gottessohnes in den Vordergrund.

In jeder Epoche wurden bestimmte Themen bevorzugt, während andere selten oder gar nicht anzutreffen sind. So sind beispielsweise die Wundergeschichten im Frühmittelalter immer wieder, später aber nur noch selten dargestellt. Dies hat auch die Auswahl der Bilder für dieses Buch beeinflußt. Es beinhaltet zahlreiche Kunstwerke, die um die Jahrtausendwende entstanden sind.

Um den Lesern die Möglichkeit zu geben, die Informationen zu den entsprechenden Abbildungen ohne lästiges Blättern zu erhalten, sind Kunstwerk und erklärender Text auf einer Doppelseite untergebracht. Der dazugehörige Bibeltext ist jeweils vorangestellt und gegebenenfalls mit Erläuterungen versehen, die das Verständnis erleichtern sollen. Nur mit den Erklärungen zu den Mosaiken von Ravenna, der ottonischen Buchmalerei und den Fresken der Sixtinischen Kapelle mußte anders verfahren werden. Da sie mit mehreren Bildbeispielen vertreten sind, ist ihnen jeweils ein eigener Artikel am Schluß des Buches gewidmet.

Die Evangelientexte sind der Einheitsübersetzung der Bibel entnommen, die 1980 im Auftrag der katholischen und evangelischen Bischöfe der deutschsprachigen Länder herausgegeben wurde. Die Schreibweise berücksichtigt weitgehend das ‚Ökumenische Verzeichnis der biblischen Eigennamen nach den Loccumer Richtlinien‘.

Am Ende des Buches findet der Leser eine Auswahl weiterführender Literatur. Wenn sich eine Literaturangabe auf ein bestimmtes Kunstwerk bezieht, ist die Bildnummer in Klammern angegeben.

Friederike Aßmus-Neumann

VOR DEM ERSTEN AUFTRETEN
IN DER ÖFFENTLICHKEIT

Der Stammbaum Jesu, der auch ‚Wurzel Jesse' genannt wird, leitet das Evangelium nach Matthäus ein. Mit ihm wollte der Evangelist seinen Lesern vor Augen führen, daß Jesus der im Alten Testament prophezeite Messias sei. Deshalb steht die ‚Wurzel Jesse' als Nachweis seiner Abstammung am Beginn dieses Bandes. Als theologisch bedeutungsvolles Bildmotiv, das die Ahnenreihe Jesu anschaulich macht, wurde die ‚Wurzel Jesse' meist an repräsentativen Orten angebracht.

Die Taufe Jesu im Jordan und die Versuchungen des Gottessohnes fanden noch vor dem Beginn seines öffentlichen Auftretens statt. Auch diese Begebenheiten sollten offenbaren, daß Jesus tatsächlich der verheißene Messias sei: Nach der Taufe bestätigte ihn Gottvater als seinen Sohn, und den drei Versuchungen des Teufels in der Wüste konnte er widerstehen.

Für die Kirche waren diese Themen von großer Bedeutung. Ihre Würdenträger gaben daher immer wieder Kunstwerke in Auftrag, in denen diese drei Motive auf ganz unterschiedliche Weise gestaltet wurden.

WURZEL JESSE

Doch aus dem Baumstumpf Isais wächst ein Reis hervor,
ein junger Trieb aus seinen Wurzeln bringt Frucht.
Der Geist des Herrn läßt sich nieder auf ihm: der Geist der Weisheit und der Einsicht,
der Geist des Rates und der Stärke, der Geist der Erkenntnis und der Gottesfurcht.
Jesaja 11,1-2

Stammbaum Jesu Christi, des Sohnes Davids, des Sohnes Abrahams:
Abraham war der Vater von Isaak, Isaak von Jakob, Jakob von Juda und seinen
Brüdern. (...) Jakob war der Vater von Josef, dem Mann Marias; von ihr wurde Jesus
geboren, der der Christus (der Messias) genannt wird.
Matthäus 1,1-2 und 16

Der Prophet Jesaja kündigt im elften Kapitel seines Buches das Kommen eines mächtigen Herrschers an, der ein Reich des Friedens auf der Erde errichten werde. Dieser von Gott gesandte Heilsbringer stamme von Isai ab, der in manchen Bibelübersetzungen auch Jesse genannt wird. In der Zeit vor Christi Geburt warteten viele Juden auf den verheißenen Messias, auf den sich vor allem zwei Hoffnungen richteten: Die religiöse Erneuerung und die Befreiung von der römischen Besatzung. Mit dem Nachweis der Abstammung von David, der als König des Großreichs Israel viel berühmter als sein Vater Isai war, wollte Matthäus zeigen, daß mit Jesus von Nazaret der vom Propheten Jesaja angekündigte Messias gekommen sei.

Entsprechend dem von Jesaja gebrauchten Bild wird die Darstellung des Stammbaums ,Wurzel Jesse' genannt.

Zum Freiburger Psalterium siehe auch die Bilder 6 und 7.

Der Freiburger Psalter entstand in der ersten Hälfte des 13. Jahrhunderts im Bodenseeraum.
Jesse liegt schlafend auf angedeuteten Erdhügeln und faßt mit einer Hand an den Stamm des Baumes, der aus seinen Lenden wächst. Die beiden zu Ornamenten stilisierten Äste formen zwei medaillonartige Rahmen, die die Bilder von Maria und Christus umschließen. Maria ist mit dem blauen Gewand der Himmelskönigin bekleidet und trägt außer dem Nimbus auch eine Krone. Betend hebt sie die Arme und wendet die Handflächen nach außen. Christus ist mit Weltkugel, Kreuznimbus und segnender Hand als Weltenherrscher wiedergegeben.

Den Schlüssel zum Verständnis der Miniatur liefert die scharfe Trennung der beiden Bildhälften. Der blau und gelb unterlegte Hintergrund der unteren Zone symbolisiert die Welt des Alten Testaments. Jesse und die hier nicht gezeigten auf ihn folgenden Generationen gehören dieser früheren Epoche an. Der Goldgrund im oberen Teil weist auf die göttliche Sphäre hin. Hier beginnt mit Christus die neue Zeit.

Bild 1
Wurzel Jesse
*(Erste Hälfte
13. Jahrhundert)
Psalterium
Freiburg im Breisgau
Universitätsbibliothek
Hs. 24, fol. 8r*

An der Nahtstelle der beiden Zeitalter thront Maria. Sie ist noch mit der Tradition des Alten Testamentes verbunden, doch nimmt mit ihr bereits die Erlösungsgeschichte des Neuen Testaments ihren Anfang.

Mit der Beschränkung auf drei Personen führt der Freiburger Psalter das Motiv der ‚Wurzel Jesse' auf den Kern seiner Aussage zurück: Die Verheißungen des Alten Bundes erfüllen sich mit dem von Maria geborenen Christus.

Psalter oder Psalterium: Buch, das alle 150 Psalmen enthält, im Mittelalter häufig reich bebildert.
Nimbus: (lateinisch = Wolke) Heiligenschein.
Miniatur: Ein figürliches Bild innerhalb eines Buches, das allein oder in Verbindung mit einem Text steht.

Ungefähr 100 Jahre vor dem Freiburger Psalter entstand für die Kathedrale von St. Denis bei Paris ein Glasfenster mit der ‚Wurzel Jesse‘, das kurz darauf detailgetreu für die Kathedrale von Chartres nachgebildet wurde. Während das Fenster von St. Denis durch Restaurierungsarbeiten stark verändert wurde, überdauerte die zweite Fassung in Chartres die Jahrhunderte im ursprünglichen Zustand.

Von den insgesamt 186 Glasfenstern der Kathedrale von Chartres stammen 145 aus dem 12. und 13. Jahrhundert. Dazu zählt auch das Wurzel-Jesse-Fenster. Es gehört zu einer Dreiergruppe im Westbau, dem ältesten Teil der Kathedrale. Von rechts zeigen die Fenster den Stammbaum Jesu, Szenen aus seinem Leben, seine Passion und Auferstehung.

Im Wurzel-Jesse-Fenster findet sich das kräftige Blau, für das die Fenster der Kathedrale von Chartres berühmt sind. Blau als Farbe des Himmels und als Sinnbild für das Himmlische steht unter anderem für Beständigkeit, denn der Himmel galt in der mittelalterlichen Vorstellungswelt als etwas Festgefügtes.

Das Fenster ist von einem Ornamentband umfaßt und in drei vertikale Abschnitte gegliedert, von denen der mittlere die Ahnenreihe Jesu zeigt. Von den zahlreichen Vorfahren, die Matthäus zwischen Jesse und Jesus aufführt, werden hier nur wenige dargestellt. 14 Propheten, deren Namen auf den langen, hellen Schriftbändern stehen, sind den sieben Hauptfiguren des Mittelstreifens zugeordnet.

Am unteren Fensterrand gibt ein zurückgezogener Vorhang den Blick auf eine Bettstatt frei. Hier liegt der schlafende Stammvater Isai, aus dessen Körper ein kräftiger Baum hervorwächst. Über seinem Bett hängt eine Öllampe. In den Bogenzwickeln verweist eine stilisierte Stadtarchitektur auf Betlehem, die Stadt, in der David und auch sein Nachfahre Jesus geboren wurden.

In den oberen Bildfeldern sind vom Baum nur noch stilisierte Zweige mit Blättern und Blüten zu sehen, der Stamm wird von den Personen fast vollständig verdeckt. Zu den hier abgebildeten Vorfahren Jesu gehören vier bekrönte Herrscher, darunter sicherlich die zwei großen alttestamentlichen Könige David und Salomo. Über die beiden anderen Figuren kann man jedoch nur Vermutungen anstellen.

Maria thront über den Königen. Entgegen der Überlieferung bei Matthäus ist sie hier an Josefs Stelle als direkte Nachfahrin Davids dargestellt. Darin spiegelt sich der Glaube an die jungfräuliche Geburt Jesu wider.

Den zuoberst thronenden Christus umgeben sieben Tauben, die für die Gaben des Heiligen Geistes und damit für die Kraft und das Wesen Jesu stehen. In Jesaja 11,2 sind nur sechs Eigenschaften genannt, die der Geist des Herrn dem ‚Reis‘ aus der ‚Wurzel Jesse‘ verleihen werde: Weisheit, Einsicht, Rat, Stärke, Erkenntnis und Gottesfurcht. Die Kirchenväter fügten in frühchristlicher Zeit als siebte Gabe die

Kirchenväter: Theologen und Geistliche aus frühchristlicher Zeit, die entscheidend zur Formulierung der christlichen Glaubenslehre beigetragen haben. Seit dem 8. Jahrhundert werden vor allem Ambrosius, Augustinus, Hieronymus und Gregor der Große von der lateinischen und Basilius, Gregor von Nazianz, Johannes Chrysostomus und Athanasius von der griechischen Kirche als Kirchenväter bezeichnet.

,Pietas' hinzu, die außer Frömmigkeit auch
Gerechtigkeit, Milde und Güte meint.
Am Glasfenster von Chartres zeigt sich
die große Bedeutung, die Zahlen im mittelalterlichen Denken zukam. Sieben Tauben erscheinen als Sinnbild für die Kräfte
Jesu, und zweimal sieben Propheten flan-
kieren die sieben Generationen, auf die
der Künstler den Stammbaum bewußt
verkürzte, weil die Zahl Sieben als heilig
galt.

Bild 2
Der Stammbaum Christi
(um 1150)
Glasmalerei
Chartres, Kathedrale

TAUFE JESU

Zu dieser Zeit kam Jesus von Galiläa an den Jordan zu Johannes, um sich von ihm taufen zu lassen. Johannes aber wollte es nicht zulassen und sagte zu ihm: Ich müßte von dir getauft werden, und du kommst zu mir? Jesus antwortete ihm: Laß es nur zu! Denn nur so können wir die Gerechtigkeit (die Gott fordert) ganz erfüllen. Da gab Johannes nach. Kaum war Jesus getauft und aus dem Wasser gestiegen, da öffnete sich der Himmel, und er sah den Geist Gottes wie eine Taube auf sich herabkommen. Und eine Stimme aus dem Himmel sprach: *Das ist mein geliebter Sohn, an dem ich Gefallen gefunden habe.* **Matthäus 3,13-17**

Johannes der Täufer war der Sohn des lange kinderlos gebliebenen Paares Zacharias und Elisabet, einer Verwandten Marias (Lukas 1,5-25 und 57-80). Die beiden Frauen erwarteten ihre Kinder Johannes und Jesus zur selben Zeit.

Matthäus zitiert in 3,3 den Propheten Jesaja und bezieht dessen Aussage auf Johannes: „Eine Stimme ruft in der Wüste: Bereitet dem Herrn den Weg! Ebnet ihm die Straßen!". Johannes gilt deshalb als Rufer in der Wüste und als der Wegbereiter Jesu.

Johannes predigte in der Wüste von Judäa, rief das Volk zur Umkehr auf und taufte die Bußwilligen (Matthäus 3,1-12). Er verkündete das Herannahen des Himmelreichs und wandte sich gegen den Hochmut der Pharisäer und Sadduzäer, die glaubten, als Nachkommen Abrahams zum auserwählten Volk zu gehören und deshalb dem Jüngsten Gericht entgehen zu können. Viele Menschen ließen sich von Johannes taufen. Er unterzog sie im Jordan einer kultischen Reinigung, indem er sie mit dem ganzen Körper in das Wasser tauchte.

Pharisäer: Eine Gruppe von Juden, die alle religiösen Vorschriften genau einzuhalten versuchte und sich von den weniger Strenggläubigen distanzierte. In ihrem Bemühen um Gesetzestreue achteten sie jedoch häufig nur noch auf Äußerlichkeiten. In den Evangelien, besonders bei Matthäus, werden sie als die schärfsten Widersacher Jesu beschrieben. Sie hielten ihn für einen Ketzer, weil er das Gesetz nicht buchstabengetreu auslegte, sondern seinen Sinn hinterfragte. Jesus lehnte ihren religiösen Eifer stets ab. Die Kluft zwischen ihm und den Pharisäern wurde im Lauf seines Wirkens immer tiefer.

Sadduzäer: Nach den Pharisäern die zweitwichtigste religiöse Gruppe des Judentums zur Zeit Jesu. Ihre Mitglieder stammten aus dem Priesteradel und den reichen Patrizierfamilien. Sie bildeten eine kleine elitäre Gemeinschaft ohne große Anhängerschaft im Volk, die aber maßgeblichen Einfluß im Tempel ausübte. Die Mehrzahl der Hohepriester und Oberpriester gehörte den Sadduzäern an.

Bereits im 2. oder 3. Jahrhundert entstand in der Lucinagruft der Calixtuskatakombe in Rom ein Wandgemälde, das die Taufe Jesu darstellt. Neben Jesus und Johannes zeigt es nur Wasser und die Taube des Heiligen Geistes. Ab dem 5. Jahrhundert wird dieses Motiv durch verschiedene Elemente erweitert: Es kommen Engel hinzu, die während der Taufe die Kleider Jesu halten. Mitunter erscheint, beeinflußt durch antike Traditionen, der Jordan als Flußgott, und eine aus dem Himmel nach unten zeigende Hand versinnbildlicht die Worte Gottes.

Als im frühen 14. Jahrhundert die Ganzkörpertaufe durch das bloße Benetzen des Kopfes mit Wasser abgelöst wurde, übernahmen die Künstler diese Veränderung in ihre Bilder: Johannes tauft Jesus nun mit Wasser aus einer Kanne, Schale oder Muschel.

Katakomben: Unterirdische Begräbnisstätten, die aus Gängen und einigen kleinen überwölbten Kammern bestehen. Die meisten Toten wurden in Grabnischen bestattet, die man übereinander in die Wände schlug. Die ersten christlichen Katakomben entstanden um 150 in Rom. Da diese Räume sehr eng sind, wird heute die langverbreitete Meinung angezweifelt, wonach die Katakomben in Verfolgungszeiten auch als Zufluchts- und Versammlungsstätten dienten.

Zur Pfarrkirche von Müstair siehe auch Bild 29.

Das Kloster der Benediktinerinnen in Müstair (Graubünden), zu dem die Kloster- und Pfarrkirche St. Johann Baptista gehört, wurde vermutlich um 780 gegründet. Karl der Große selbst soll das Kloster gestiftet haben. Diese Annahme stützt sich auf ein lebensgroßes Stuckstandbild in der Kirche, das angeblich den fränkischen Herrscher zeigt. Das Stuckrelief mit der ‚Taufe Christi‘ stammt möglicherweise aus der karolingischen Epoche, es wird aber auch das 11. Jahrhundert als Entstehungszeit genannt.

Kennzeichnend für die Kunst des frühen Mittelalters ist die starke Symbolkraft in der Gestaltung der biblischen Stoffe, die sich auf wenige, für die Bildaussage notwendige Elemente beschränkt. Beim Relief aus Müstair sind dies die Zentralfigur Jesu, daneben Johannes der Täufer, die Assistenzfigur des Engels und das Wasser.

Dargestellt ist die Ganzkörpertaufe, die heute nur noch in wenigen Glaubensgemeinschaften praktiziert wird. Das Wasser des Jordans ist durch Wellen angedeutet, die wie ein Berg ansteigen und wieder abfallen.

Johannes wendet sich mit ausgestreckten Händen Jesus zu, berührt ihn aber nicht. Mit einem bis zum Knöchel reichenden Gewand und einem Überhang ist er vornehmer gekleidet als auf den meisten anderen Bildern, die ihn nur mit einem groben, um die Hüfte gebundenen Tuch zeigen. Der einzige Hinweis auf sein Leben in der Wüste ist der ungestutzte Bart.

Johannes und der im Bibeltext nicht erwähnte Engel treten von der Seite an Jesus heran. Nur der Gottessohn steht dem Betrachter direkt gegenüber und blickt ihn an. Seine Hände sind dabei segnend erhoben. Jesus wird so zur beherrschenden Figur des Reliefs. Kreuznimbus und Segensgestus drücken seine Erlöserkraft aus. Die Taube, Verkörperung des Heiligen Geistes, schwebt vom Himmel herab, der hier durch ein gerafftes Tuch symbolisiert wird.

Assistenzfigur: (lateinisch: assistere = dabeistehen, helfen) Nebenfigur, die nicht unmittelbar zum Bildinhalt gehört, aber eine sinnvolle Ergänzung dazu sein kann.

Bild 3
Taufe Christi
(um 780 ?)
Stuckrelief
Müstair, St. Johann

Piero della Francesca gilt als einer der ausdrucksstärksten Maler des Quattrocento. Er wurde im italienischen Borgo San Sepolcro geboren und starb dort 1492.

Wie schon vor ihm andere Künstler der Renaissance beschäftigte sich della Francesca intensiv mit den Problemen der Perspektive des Bildraums und der plastischen Gestaltung von Figuren.

In einer bergigen Landschaft mit Bäumen, Wegen und Wiesen entkleidet sich ein Täufling an einem Flußufer. Sein weißer Körper bildet das optische Gegengewicht zum Kleid des mittleren Engels. Beide Figuren nehmen Bezug auf den strahlend hellen Jesus in der Mitte, dessen Bedeutung durch diese Farbgebung noch betont wird. Im Gegensatz zum Relief aus Müstair ist der Gottessohn hier betend in sich gekehrt (Lukas 3,21).

Johannes läßt das Taufwasser aus einer Muschel auf Jesus herabfließen. Beide stehen im Jordan, dessen Wasser nur vorne durchscheinend ist und dahinter die Landschaft widerspiegelt.

In seiner Predigt hatte Johannes die Pharisäer und Saduzzäer besonders angesprochen, die nun in auffälliger Kleidung auf der anderen Seite des Jordans lebhaft diskutieren. Er hatte ihnen Hochmut vorgeworfen und sie mit Bäumen verglichen, an deren Wurzeln schon die Axt gelegt sei, weil sie keine Frucht bringen. Die Wiese in der Flußschleife weist auf diese Warnung hin: Sie ist mit Baumstümpfen übersät.

Piero della Francescas Taufbild gibt den Forschern auch heute noch zahlreiche Rätsel auf. Der Auftraggeber ist ebensowenig bekannt wie das Entstehungsjahr, das zwischen 1445 und 1460 angesetzt wird. Auch das Dargestellte selbst gibt Anlaß zur Diskussion. Die drei Engel halten weder das Gewand Jesu noch haben sie eine andere erkennbare Funktion. Einer der Deutungsversuche bringt die Entstehung des Bildes mit dem Konzil von Florenz in Verbindung. Dort wurde 1439 ein Religionsfriede zwischen der Ost- und der Westkirche geschlossen. In den eng beieinander stehenden Engeln wurde ein Symbol der Eintracht gesehen.

Auch eine Anspielung auf die Trinität wäre möglich, die sich bei der Taufe Jesu durch die Stimme des Vaters, durch Jesus und die Taube des Heiligen Geistes erstmals offenbart. Das Dogma der Trinität war Streitpunkt zwischen den Kirchen, und seine Anerkennung durch die Ostkirche war das entscheidende Ergebnis des Konzils von Florenz. Damit wäre Piero della Francescas Taufbild auch als ein Symbol für die Einheit der christlichen Kirche zu deuten.

Quattrocento: (italienisch = vierhundert) Abkürzung für 1400; bezeichnet in der Kunst die italienische Frührenaissance, welche zeitlich dem 15. Jahrhundert entspricht.
Perspektive: Die geometrisch konstruierte, scheinbar räumliche Wiedergabe einer Situation auf der ebenen Bildfläche. Sie erweckt den Eindruck, die Gegenstände auf dem Bild in der gleichen Weise wahrzunehmen wie in der Wirklichkeit.
Trinität (oder Dreifaltigkeit): Der eine Gott, der den Menschen in dreierlei Gestalt gegenübertritt: als Vater, Sohn und Heiliger Geist.
Konzil: Zusammenkunft von Bischöfen und anderen kirchlichen Würdenträgern, bei der über kirchliche Angelegenheiten beraten und entschieden wird.

Bild 4 **Die Taufe Christi** *(um 1445-1460)*
Piero della Francesca (um 1410/20-1492), Tempera/Holz, 167 x 116 cm
London, National Gallery

Diese reichverzierte und mit zahlreichen Figuren ausgestattete Taufgruppe befindet sich in der Abteikirche des Klosters Ottobeuren (Bayern), einem Höhepunkt des barocken Kirchenbaus. Über dem Taufstein am linken Pfeiler unter der riesigen Kuppel des Gotteshauses ist die Großplastik mit der ‚Taufe Jesu‘ angebracht. Gegenüber am rechten Vierungspfeiler befindet sich die Kanzel, deren Schalldeckel die ‚Verklärung Christi‘ trägt Bei beiden Ereignissen offenbarte Gott: „Dies ist mein Sohn".

In der Wand hinter Jesus und Johannes öffnet sich eine Nische, die die Bedeutung der beiden Hauptfiguren betont. Darüber schwebt die Taube, von der lange goldene Strahlen ausgehen. Ganz oben in den Wolken sitzt Gottvater als alter Mann mit langem Bart und schaut auf das Geschehen unter sich herab.

Anders als in den beiden vorigen Kunstwerken, steht Jesus hier nicht allein im Zentrum, vielmehr ist Johannes zur zweiten Hauptfigur geworden. Er kniet mit nacktem Oberkörper und einem um die Hüften geschlungenen Fell auf einem Felsvorsprung und gießt aus einer goldenen Muschel Wasser auf das Haupt Jesu. Als dessen Wegbereiter und Vorläufer hält Johannes den Kreuzstab mit dem Schriftband ‚Ecce Agnus Dei‘ (Siehe das Lamm Gottes) in der rechten Hand. Der Gottessohn neigt sich demütig zum Empfang der Taufe. Blick und Geste sind ganz nach innen gekehrt.

Unterhalb dieser Taufgruppe zeigt ein Holzrelief den Garten Eden mit dem Sündenfall. Eva reicht Adam vor dem Baum der Erkenntnis den Apfel. Die Schlange windet sich aus dem Relief heraus und streckt ihren Kopf mit einem Apfel im Maul seitlich in die Luft. Der Apfel schwebt vor einer Kartusche, die auf lateinisch den Taufauftrag Jesu aus Matthäus 28,19 enthält. Die beiden heranschwebenden Engel weisen mit dem Finger auf das Schild und geben dem Betrachter auf diese Weise zu verstehen, daß für alle Menschen durch das Opfer Jesu und die Reinwaschung in der Taufe der Weg ins Paradies wieder freigeworden ist.

Bild 5
Taufe Christi
(um 1760)
Johann Michael Feichtmayr (1710-1772)
und Joseph Christian (1706-1777)
Taufgruppe über dem Taufstein
Marmor, Holz und Stuck
Ottobeuren, Benediktinerabtei

Kartusche: Schild in einem teils geschwungenen, teils gebrochenen Rahmen, das eine Inschrift oder ein Wappen tragen kann und im Barock häufig als Zierelement verwendet wird.

DIE DREI VERSUCHUNGEN JESU

Dann wurde Jesus vom Geist in die Wüste geführt; dort sollte er vom Teufel in Versuchung geführt werden. Als er vierzig Tage und vierzig Nächte gefastet hatte, bekam er Hunger. Da trat der Versucher an ihn heran und sagte: Wenn du Gottes Sohn bist, so befiehl, daß aus diesen Steinen Brot wird. Er aber antwortete: In der Schrift heißt es: *Der Mensch lebt nicht nur von Brot, sondern von jedem Wort, das aus Gottes Mund kommt.*

Darauf nahm ihn der Teufel mit sich in die Heilige Stadt, stellte ihn oben auf den Tempel und sagte zu ihm: Wenn du Gottes Sohn bist, so stürz dich hinab; denn es heißt in der Schrift: *Seinen Engeln befiehlt er, dich auf ihren Händen zu tragen, damit dein Fuß nicht an einen Stein stößt.* Jesus antwortete ihm: In der Schrift heißt es auch: *Du sollst den Herrn, deinen Gott, nicht auf die Probe stellen.*

Wieder nahm ihn der Teufel mit sich und führte ihn auf einen sehr hohen Berg; er zeigte ihm alle Reiche der Welt mit ihrer Pracht und sagte zu ihm: Das alles will ich dir geben, wenn du dich vor mir niederwirfst und mich anbetest. Da sagte Jesus zu ihm: Weg mit dir, Satan! Denn in der Schrift steht: *Vor dem Herrn, deinem Gott, sollst du dich niederwerfen und ihm* allein *dienen.* Darauf ließ der Teufel von ihm ab, und es kamen Engel und dienten ihm.

Matthäus 4,1-11

Von den Versuchungen Jesu durch den Teufel berichten alle drei Synoptiker, besonders ausführlich Matthäus und Lukas. Die Maler und Bildhauer haben sich dabei meist an Matthäus gehalten. Lukas schildert den Dienst der Engel an Jesus nicht und stellt die dritte vor die zweite Versuchung.

Abbildungen von den Versuchungen finden sich seit dem frühen Mittelalter in Buchmalereien. Vom 11. Jahrhundert an erscheint das Motiv auch auf Kapitellen, Bronzereliefs, Altarbildern und in Wandmalereien. Dabei greifen die Künstler oft auf bestimmte Bildformeln zurück: Der Teufel deutet auf den Gegenstand seiner Versuchung, und Jesus wehrt ihn mit Einhalt gebietender Gebärde ab. Das Motiv des Engelsdienstes, das die Göttlichkeit Jesu hervorhebt, kommt erst seit dem späten Mittelalter häufiger vor.

Die größte Vielfalt zeigen die Kunstwerke in der Gestaltung des Versuchers. Zumeist tritt er als furchteinflößende Bestie auf, aber auch als Bettler oder falscher Mönch. Selten erscheint er in der Person des verführerisch schönen Jünglings oder des Edelmannes.

Synoptiker: Bezeichnung für die drei Evangelisten Matthäus, Markus und Lukas. Ihre Texte weisen viele Übereinstimmungen auf. Durch eine ‚Zusammenschau' (griechisch = Synopse) ihrer sich entsprechenden Texte in nebeneinander gesetzten Spalten werden die jeweiligen Eigenarten der Schreiber und ihre unterschiedlichen inhaltlichen Gewichtungen erkennbar.

Zum Freiburger Psalterium siehe auch Bild 1.

Auf den abgebildeten Miniaturen sind die Versuchungen Jesu und sein Einzug in Jerusalem zu sehen. Der Grund für diese überraschende Zusammenstellung ist das Wissen Jesu, daß ihn in Jerusalem mit der Passion die größte Prüfung erwarten wird.

Der ornamental gerahmte Bereich, der den unteren Teil von Bild 6 umschließt, weist einen Goldgrund auf, die Szene im goldenen Rahmen spielt sich dagegen vor einem roten Sternenhimmel ab. Die Flügel des Teufels, die Füße und das Haupt Jesu sowie die Turmspitzen des Kirchengebäudes, die über die Rahmen hinausragen, durchbrechen die feste Bildumgrenzung.

In der Miniatur mit der ersten Versuchung steht der dunkle Körper des Teufels in einem auffallenden Gegensatz zur lebendigen Farbe seiner Flügel. Er zeigt auf die bunten Steine, die Jesus in Brot verwandeln soll. Dieser weist aber auf die Heilige Schrift, auf die er sich in seiner Antwort auf die Forderung des Teufels bezieht: „Der Mensch lebt nicht nur von Brot, sondern von jedem Wort, das aus Gottes Mund kommt."

Bild 6
Die beiden ersten Versuchungen Jesu
(Erste Hälfte 13. Jahrhundert)
Psalterium
Freiburg im Breisgau
Universitätsbibliothek Hs. 24, fol. 13r

Im unteren Teil der Miniatur thront Jesus auf einer doppeltürmigen Kirche, die den Tempel symbolisiert. Wieder tritt der Teufel an ihn heran und fordert ihn diesmal auf, vom Dach herunterzuspringen. Mit ausgestrecktem Arm weist Jesus das Ansinnen des Teufels zurück.

Im oberen Abschnitt der zweiten Miniatur hat der Versucher Jesus die Länder und Städte der ganzen Erde mit ihrem Reichtum gezeigt und ihm die Herrschaft über die Welt versprochen, wenn er ihn nur anbete. Aber er wird zum dritten Mal abgewiesen und büßt damit ein Stück seiner Macht ein: Die Flügel haben ihre

grüne Farbe verloren und wirken jetzt wie verbrannt. Die Gestalt des zunächst so energisch und kraftvoll auftretenden Teufels ist geschrumpft. Er kann die Gegenwart Jesu nicht mehr ertragen und setzt zur Flucht an. Von links schweben Engel heran, die Jesus nach seinem vierzigtägigen Fasten dienen werden.

Ohne schmückende Details überzeugt die Darstellung durch ihre Konzentration auf die Kernaussage der biblischen Geschichte. Jesus ist in diesem Psalterium dem Teufel so deutlich überlegen, daß es scheint, er sei gar nicht ernsthaft in Versuchung geführt worden.

Bild 7
**Die dritte Versuchung
und der Einzug
in Jerusalem**
*(Erste Hälfte
13. Jahrhundert)
Psalterium
Freiburg im Breisgau
Universitätsbibliothek
Hs. 24, fol. 13v*

25

Zu Ghibertis Bronzetür am Baptisterium in Florenz siehe auch Bild 17.

Der Florentiner Bildhauer Lorenzo Ghiberti (1378 - 1455) gehörte neben Jacopo della Quercia und Filippo Brunelleschi zu den wichtigsten Bildhauern seiner Zeit. Gemeinsam mit anderen beteiligten sich die drei Künstler an dem legendären Wettbewerb um den Auftrag für die Ausführung der zweiten Bronzetür des Baptisteriums San Giovanni in Florenz. Ghiberti konnte mit seinem Relief, das ‚Abrahams Opfer‘ zeigt, die Jury überzeugen und fertigte ab 1403 die 28 Tafeln an, die das Portal verkleiden. Vertragsgemäß konnte das Werk 1424 eingeweiht werden. Später schuf Ghiberti mit einer weiteren Tür für das Baptisterium sein künstlerisches Hauptwerk.

Für die erste seiner Bronzetüren gestaltete Ghiberti einen Zyklus, der das Leben Jesu von der Verkündigung an Maria bis zum Pfingstwunder umfaßt. Bild 8 zeigt das Relief mit der ‚Versuchung auf dem Berg‘ und der ‚Ankunft der Engel‘.

Jesus und der Teufel stehen auf einem felsigen Plateau, das nach vorne steil abfällt und so auf kleinstem Raum den Eindruck eines Berggipfels erweckt, der sich über einem Abgrund erhebt.

Der Konflikt zwischen dem Versucher und dem Versuchten ist hier stärker spürbar als im Freiburger Psalter. Der Teufel erscheint in menschlicher Gestalt, nur die fledermausartigen Flügel und die Krallenfüße zeigen seine wahre Natur. Er hat Jesus die Reiche dieser Welt gezeigt. Dieser hat ihn aber entschieden abgewiesen und an den Rand des Felsens gedrängt.

Jesus und der Versucher begegnen sich mit fast symmetrischer Haltung und Gestik. Das Gegengewicht zu den Flügeln des Teufels bilden die Engel, die dem Sohn Gottes nun dienen werden. Mit dem linken Arm will der Teufel sein Gleichgewicht sichern, mit der rechten Hand sucht er nach Halt.

Jesus sieht gelassen zu dem Versucher hin. Zu dessen Abwehr hat auch er einen Arm erhoben. In der Mitte des Reliefs richten sich die Ellbogen der beiden gegeneinander und symbolisieren so das gegensätzliche Denken der Kontrahenten. Trotz der räumlichen Nähe gehören sie zwei unterschiedlichen Welten an, die ein leerer Streifen entlang der Mittelachse trennt.

Baptisterium: (lateinisch = Taufkapelle) Seit dem 4. Jahrhundert entstanden in der Nähe größerer Kirchen spezielle Taufkapellen mit einem Wasserbecken, in das der Täufling vollständig untergetaucht werden konnte.

Bild 8
Versuchung Christi auf dem Berg
(zwischen 1403 und 1424)
Lorenzo Ghiberti
(1378-1455)
Bronzerelief, ca. 45 x 38 cm
Florenz, Baptisterium, Nordtüre

27

Zur Sixtinischen Kapelle siehe den Informationstext auf Seite 134 und die Bilder 10 und 45.

Sandro Botticelli zeigt die drei Versuchungen Jesu in der oberen Hälfte seines Freskos und stellt im Vordergrund eine Opferhandlung dar, deren Beziehung zum Thema des Bildes zunächst unklar erscheint.

Links oben verlangt der als Mönch verkleidete Teufel, der nur an seinen fledermausartigen Flügeln zu erkennen ist,

Jesus solle die am Boden liegenden Steine in Brot verwandeln. Dieser weist die Aufforderung jedoch entschieden zurück. In der Mitte erhebt sich der Tempel, auf dessen Dach Jesus und der Teufel dicht beieinander stehen und wie Statuen in den Himmel ragen. Der Versucher weist nach unten und fordert Jesus auf, sich hinabzustürzen, dieser hält jedoch seine Hand vor die Brust, um seine Unbeirrbarkeit auszudrücken.

Auf einem Felsen rechts oben erwehrt sich Jesus mit weit ausholender Gebärde

der dritten Versuchung. Beim Sturz vom Felsen verliert der Teufel seine Kutte, so daß sein halb menschlicher und halb tierhafter Körper sichtbar wird. Von hinten treten bereits die Engel zu Jesus und bedienen den standhaft gebliebenen Gottessohn, für den damit die Zeit des Fastens in der Wüste zu Ende geht.

Vor einem Altar, von dem der Rauch eines innen lodernden Feuers aufsteigt, stehen ein Priester und ein Jüngling in weißem Gewand. Sie halten gemeinsam eine Schale mit Blut. Um die beiden haben sich ein hoher Geistlicher und zahlreiche Männer und Frauen in prächtigen Gewändern versammelt. Die meisten von ihnen haben individuelle Gesichtszüge: Es sind Verwandte von Papst Sixtus IV. und Mitglieder seines Haushaltes.

Links tritt Jesus noch einmal mit den drei Engeln auf. Er steigt mit ihnen vom Berg herab, um den Menschen das Neue Gesetz zu überbringen. Dieser Ausschnitt des Bildes verbindet die als Nebenhandlungen gezeigten Versuchungen mit dem Geschehen im Vordergrund: Jesus zeigt auf die Opfer, die am großen Altar vor dem Tempel dargebracht werden. Er verweist damit auf seinen eigenen Opfertod, mit dem er den Neuen Bund begründen und durch den sein Gehorsam gegenüber Gott noch weit härter als bisher erprobt werden wird.

Fresko: Technik der Wandmalerei, bei der die zerriebenen Farbpigmente in Kalkwasser gelöst und auf den frischen Kalkbewurf der Wandfläche aufgetragen werden. Sie sind nach dem Trocknen unauflöslich mit dem Putz verbunden und können deshalb nicht abblättern.

Bild 9
Versuchung Christi, Überbringer des Gesetzes des Evangeliums
(1482)
Sandro Botticelli (1444/45-1510)
Fresko, ca. 340 x 550 cm
Rom, Sixtinische Kapelle

DIE BERUFUNG DER JÜNGER

Zu Beginn seines öffentlichen Wirkens scharte Jesus zwölf Männer um sich, die ihn auf seiner Wanderschaft durch Galiläa und Judäa begleiteten. So waren die Jünger die ersten, denen Jesus seine Botschaft verkündete. Sie wurden Zeugen der Predigten und Wunder und verbreiteten nach dem Tod Jesu dessen Lehre.

Die ersten drei Evangelien berichten nur von der Berufung von fünf der zwölf Jünger. Vier davon – die Brüderpaare Petrus und Andreas sowie Jakobus der Ältere und Johannes – hatten bis dahin ein ganz gewöhnliches Leben als Fischer geführt. Als fünfter wird der Zöllner Levi genannt, der auch Matthäus heißt.

Der Evangelist Johannes erzählt in den Versen 1,35-51 eine andere Version von der Berufung der ersten Jünger, die aber in der Kunst kaum Berücksichtigung erfahren hat.

DIE BERUFUNG DER VIER FISCHER

Als Jesus am See von Galiläa entlangging, sah er zwei Brüder, Simon, genannt Petrus, und seinen Bruder Andreas; sie warfen gerade ihr Netz in den See, denn sie waren Fischer. Da sagte er zu ihnen: Kommt her, folgt mir nach! Ich werde euch zu Menschenfischern machen. Sofort ließen sie ihre Netze liegen und folgten ihm. Als er weiterging, sah er zwei andere Brüder, Jakobus, den Sohn des Zebedäus, und seinen Bruder Johannes; sie waren mit ihrem Vater Zebedäus im Boot und richteten ihre Netze her. Er rief sie, und sogleich verließen sie das Boot und ihren Vater und folgten Jesus. Matthäus 4,18-22

Die Texte der Evangelisten Matthäus und Markus über die Berufung der ersten vier Apostel stimmen fast vollständig überein. Als Jesus sie auffordert, ihm zu folgen, geben Petrus und Andreas ihren Beruf auf und schließen sich ihm sofort bedingungslos an. Die beiden Söhne des Zebedäus, Jakobus der Ältere und Johannes, lassen sogar ihren Vater allein zurück. Bei Lukas (5,1-11) hingegen erkennt Petrus erst nach einem ungewöhnlich reichen Fischzug die Göttlichkeit Jesu.

Zur Sixtinischen Kapelle siehe den Informationstext auf Seite 134 und die Bilder 9 und 45.

Ghirlandaios ‚Berufung der Jünger‘ trägt den erklärenden Untertitel: ‚Das versammelte Volk empfängt die Gesetze des Neuen Bundes im Evangelium‘.

Die Berufungen der Jünger ereignen sich an einem See, der zwischen hohen Bergen und schroffen Felsen liegt. Der See geht in einen Fluß über, der sich durch das Tal auf die Ebene im Hintergrund zuwindet. Die Vegetation und die Städte auf beiden Seiten des Gewässers erinnern nicht an Galiläa und den See Gennesaret, sondern eher an eine oberitalienische Landschaft.

Bild 10
Die Berufung der Jünger
(1482)
Domenico Ghirlandaio (1449-1494)
Fresko, ca. 340 x 550 cm, Rom, Sixtinische Kapelle

Die Brüder Petrus und Andreas sind links im Mittelgrund mit leeren Netzen ans Ufer zurückgekehrt. Jesus fordert sie mit erhobener Hand auf, noch einmal hinauszufahren. Das von Lukas beschriebene Wunder des großen Fischfangs ist hier nicht dargestellt. Im Vordergrund knien aber Petrus und Andreas demütig vor Jesus. Sie werden ihm künftig als seine Jünger folgen.

Auf der anderen Seite des Sees steuern Jakobus und Johannes einen kleinen Nachen zum Ufer, in dem auch ihr Vater Zebedäus sitzt. Jesus erwartet die Männer schon und fordert die beiden Söhne auf, sich ihm anzuschließen.

Der Künstler hat im Vordergrund auf beiden Seiten teilweise dicht zusammengedrängt ganz individuell gestaltete Personen abgebildet, die das Geschehen eher distanziert verfolgen.

Entsprechend dem Wunsch seines Auftraggebers bezieht der Maler hier die wirtschaftlich und politisch einflußreichsten Zeitgenossen, die zu einem großen Teil heute noch identifiziert werden können, in das christliche Heilsgeschehen ein. Papst Sixtus IV. läßt ihnen damit durch Ghirlandaio ein Denkmal setzen, verlangt aber zugleich ihre Einordnung in die christliche Gemeinschaft und betont damit das Primat seiner geistlichen Herrschaft.

Pieter Pourbus hat dieses große Triptychon im Auftrag der Gilde der Fischhändler für den Altar der Kapelle des Heiligen Christophorus in Brügge geschaffen. Die Kaufleute widmeten die Bilder dem Fischer und Apostel Petrus, mit dem sie sich durch ihre Arbeit eng verbunden fühlten.

Auf dem linken Altarflügel wird unten in kleiner Schrift auf Matthäus 17,27 hingewiesen. Jesus befiehlt Petrus in diesem Vers, an den See zu gehen und dort einen Fisch zu fangen. In dessen Maul werde er dann die richtige Münze, ein Vierdrachmenstück, finden, um die Tempelsteuer zu bezahlen.

Für das Bild auf dem rechten Flügel dienen die Verse 1 bis 14 aus dem letzten Kapitel des Johannes-Evangeliums als biblische Vorlage. Dort wird von einem Fischzug berichtet, zu dem ein Mann am Ufer einige der Jünger auf den See hinausschickt. Erst als sie so viele Fische fangen, daß sie das Netz nicht mehr einholen können, erkennt Johannes in dem Unbekannten den auferstandenen Christus. Petrus springt daraufhin sofort aus dem Boot in den See und läuft durch das Wasser auf Jesus zu.

Das große Mittelbild zeigt die Berufung der ersten Jünger. Doch im Gegensatz zu Ghirlandaio stellt Pourbus hier das Wunder des von Lukas überlieferten Fischzugs dar: Drei Fischer zerren noch am übervollen Netz, während Jesus schon mit einigen anderen Männern im Boot spricht. Weiter rechts findet am Ufer des Sees eine zweite Berufungsszene statt.

Im Vordergrund strebt ein Unbekannter mit zügigen Schritten über den Strand. Für die Auftraggeber des Bildes muß er schon allein wegen der Größe seiner Gestalt wichtig gewesen sein. Über seine Identität ist heute nichts mehr bekannt.

Auf allen drei Tafeln des Triptychons bestimmen das Wasser und die Landschaft die Atmosphäre. Die starken Wellen, das mit Muscheln und Seesternen übersäte Ufer und die Segelboote im Hintergrund erinnern eher an das Meer als an einen See. Pourbus greift hier Elemente auf, wie sie uns in holländischen und flandrischen Seestücken wiederbegegnen.

Triptychon: (griechisch = dreiteiliges Bild) Meistens handelt es sich dabei um ein Altarbild mit einem Mittelteil und zwei einklappbaren Seitenflügeln.
Gilde: Zusammenschluß von Männern mit gemeinsamen religiösen oder beruflichen Interessen. Gilden gewannen seit dem frühen Mittelalter besonders im norddeutschen, niederländischen und englischen Raum an Bedeutung.
Seestücke: Gemälde, auf denen das Meer, Küstenlandschaften, Hafengebiete und Schiffsszenen abgebildet sind. Sie entstanden vor allem während des 17. Jahrhunderts in den Niederlanden, die zu jener Zeit eine starke Seemacht waren.

Bild 11 **Triptychon der Fischhändler von Brügge**
(1576)
Pieter Pourbus (1523/24-1584)
Holz, Mittelteil 117 x 175 cm, Seitenteile 117 x 81 cm
Brüssel, Museum für ältere Kunst

DIE BERUFUNG DES LEVI

**Als Jesus von dort wegging, sah er einen Zöllner namens Levi am Zoll sitzen
und sagte zu ihm: Folge mir nach!
Da stand Levi auf, verließ alles und folgte ihm.
Lukas 5,27-28**

Levi aus Kafarnaum in Galiläa war Zollbeamter im Gebiet des Herodes Antipas. Er
zog für seinen Herrn Zölle zur Finanzierung der Abgaben an die Römer ein. Obwohl
die Juden ihn deshalb verachteten, berief Jesus den Zöllner, während er seine Tätigkeit
für Herodes Antipas und die Römer ausübte.

Im ersten Evangelium trägt Levi bei seiner Berufung (Matthäus 9,9) den Namen
Matthäus und auch im Verzeichnis der Apostel (Matthäus 10,1-4) wird Matthäus als
‚der Zöllner‘ bezeichnet. In frühchristlicher Zeit wurde deshalb angenommen, Levi
und Matthäus seien identisch. Außerdem glaubte man, daß das erste Evangelium im
Neuen Testament von dem Apostel Matthäus verfaßt wurde. Heute ist unter Theologen beides umstritten.

In der Kunst ist der Jünger zumeist als älterer, aber kräftiger Mann mit vollem ergrautem Haar und Bart charakterisiert, der Evangelist jedoch als schreibender Greis.

Der Kardinal Matteo Contarelli hatte die
Contarelli-Kapelle von San Luigi dei
Francesi in Rom 1565 erworben und seinem Namenspatron Matthäus geweiht.
Die Erben des Kardinals beauftragten
Caravaggio später, drei Bilder mit Szenen
aus dem Leben des Matthäus für die
Kapelle auszuführen.

Caravaggio setzt die Berufung des verachteten Beamten in den Kreis der Jünger
Jesu auf geniale Weise um. Die Ausstrahlung des Gemäldes war so groß, daß sich
Künstler, die danach dasselbe Thema
bearbeiteten, von seinem Vorbild kaum
lösen konnten.

In einem einfach ausgestatteten Zimmer,
das eher an ein Wirtshaus als an eine
Zollstation denken läßt, sitzen drei junge
Männer und der bärtige Zöllner Levi.
Von hinten ist ein älterer Mann mit Brille

hinzugetreten, der seinen Blick fest auf
den einfachen Holztisch heftet, auf dem
ein Buch und das eingetriebene Geld
liegen.

Plötzlich und unerwartet treten von rechts
zwei Personen herein. Der von Petrus
begleitete Jesus weist mit ausgestrecktem
Arm auf den Zöllner, der wiederum mit
der Hand fragend auf sich selbst deutet.
Zwei der jungen Angestellten Levis
blicken überrascht auf. Ganz unten am
Tisch stiert der dritte auf die vor ihm liegenden Münzen. Er und der alte Mann
sind so in ihr Geschäft vertieft, daß sie die
Eintretenden gar nicht bemerken.

Bestimmend für das Bild und seine Aussagekraft ist das scharf einfallende Licht.
Es ist nicht zu erkennen, ob es von einer
überirdischen Quelle stammt oder ob die
Sonne durch eine Öffnung hereinstrahlt.

Bild 12
Die Berufung des heiligen Matthäus
(1592/94)
Michelangelo Merisi, genannt Caravaggio (1573-1610)
Öl/Leinwand, 328 x 348 cm
Rom, San Luigi dei Francesi
Contarelli-Kapelle

Dieses helle Licht hebt die fast schwebende Hand Jesu hervor, von der die Kraft ausgeht, die Levi auffordert. Es fällt weiter auf die wegweisende Hand Petri, die Gesichter der jungen Zöllner, das fragende Antlitz des Berufenen, die Münzen auf dem Tisch und die Hände der Eintreiber. Damit erhellt es schlaglichtartig das Entscheidende: Jesus ruft einen Mann zu sich, der einem verachteten Beruf nachgeht und dieser kann es kaum fassen.

DAS GASTMAHL IM HAUSE LEVIS

Und er [Levi] gab für Jesus in seinem Haus ein großes Festmahl.
Viele Zöllner und andere Gäste waren mit ihnen bei Tisch.
Da sagten die Pharisäer und ihre Schriftgelehrten voll Unwillen zu seinen Jüngern:
Wie könnt ihr zusammen mit Zöllnern und Sündern essen und trinken?
Jesus antwortete ihnen: Nicht die Gesunden brauchen den Arzt, sondern die Kranken.
Ich bin gekommen, um die Sünder zur Umkehr zu rufen, nicht die Gerechten.
Lukas 5, 29-32

Unmittelbar nach seiner Berufung richtete der begüterte Levi für Jesus ein Gastmahl aus. Daß Jesus daran teilnahm, war in den Augen der Pharisäer und Schriftgelehrten besonders anstößig. Durch ihren Umgang mit den Römern galten die Zöllner als unrein, und durch den bloßen Kontakt mit ihnen wurde man selbst unrein.

Unrein: Nach den Gesetzen des Alten Testaments können Menschen durch Ereignisse wie Geburt, Krankheit und Tod unrein werden. Auch der Verzehr von nicht wiederkäuenden Tieren war nach den Reinheitsgeboten nicht erlaubt. Wer sich nicht daran hielt war ‚unrein‘ und mußte sich einer kultischen Reinigung unterziehen.

Bild 13
Das Gastmahl im Hause Levis
(1573)
Paolo Caliari, genannt Veronese
(1528-1588)
Öl/Leinwand, 555 x 1310 cm
Venedig, Accademia

Zu Paolo Caliari, genannt Veronese siehe auch Bild 33.

Paolo Caliari erhielt nach seiner Geburtsstadt Verona den Beinamen Veronese. Er lebte und arbeitete die meiste Zeit seines Lebens in Venedig und führte dort eine erfolgreiche Werkstatt. Die große malerische Tradition der Lagunenstadt beeinflußte den Meister festlich-heiterer Kompositionen entscheidend. Er gab den weltlichen und den biblischen Motiven eine prächtige Kulisse und gestaltete auch die Architektur-Szenerie für das ‚Gastmahl im Hause Levis‘ aufwendig und monumental.

Den Hintergrund nehmen unter dem Nachthimmel fahl beleuchtete Kirchen und Paläste ein. Zwischen hohen, von Säulen getragenen Halbkreisbögen liegt eine langgezogene Loggia. Dort sitzen an einer großen Tafel viele auffällig und prachtvoll gekleidete Männer. Eine rege Dienerschar erreicht über eine groß angelegte doppelseitige Treppe die Säulenhalle. Während die Gäste Levis essen und trinken, wenden sie sich fast alle Jesus zu, der zwischen dem jungen Johannes und dem ergrauten Petrus unter dem mittleren Torbogen sitzt. Nur hier ist die Tafel von vorne sichtbar und wirkt wegen der weit überhängenden, strahlend weißen Tischdecke wie ein Altar. Diese zentral plazierte Gruppe bildet eine geschlossene Einheit inmitten der riesigen Bildfläche. Wo aber ist der Gastgeber Levi?

Daß der Hausherr nicht eindeutig zu bestimmen ist, erklärt sich aus der Geschichte des Gemäldes. Veronese hatte es im Auftrag eines Klosters ursprünglich ▷

als ‚Abendmahl' geschaffen. Nachdem das Bild im Juli 1578 fertiggestellt war, mußte er sich jedoch vor der Inquisition rechtfertigen. Man beschuldigte den Maler der Ketzerei, weil er einige der Personen für ein ‚Abendmahl' unpassend, ja sogar anstößig dargestellt habe, auch wenn sie auf dem Bild nur als unbeteiligte Zeugen anwesend seien. Dazu gehörten vor allem der Narr mit dem Papagei auf dem Arm, ein Mann mit blutender Nase und weißem Taschentuch, der sich links über das Geländer beugt und ein anderer, der in seinen Zähnen stochert. Das Gericht verurteilte Veronese dazu, entsprechende Korrekturen vorzunehmen. Er veränderte sein Gemälde jedoch nur geringfügig. An der Treppenbrüstung auf der rechten Bildseite brachte er die Inschrift ‚LUCA CAP. V' an und gab damit seinem Werk einfach einen neuen Titel. Das Gastmahl im Haus des Zöllners Levi rechtfertigte schließlich die Anwesenheit einiger kurioser Gestalten!

Nur das ursprüngliche Thema des Bildes erklärt, warum der Gastgeber Levi nicht erkennbar hervorgehoben ist und der mittlere Arkadenbogen als eigenständiger sakraler Bereich Jesus und seinen engsten Vertrauten vorbehalten bleibt.

Loggia: Italienische Bezeichnung für eine offene Laube oder Säulenhalle. Sie kann zu einem Bauwerk gehören oder als selbständiges Gebäude einen Platz begrenzen.
Inquisition: (lateinisch = Befragung) Verfahren gegen religiöse Abweichler. Auch das damit befaßte kirchliche Gericht wird so bezeichnet. Die Verfolgung und Bestrafung der Ketzer wurde jedoch von weltlichen Institutionen vorgenommen.

JESUS UND DIE ELEMENTE

Indem er den Sturm auf dem See Gennesaret stillte und durch seinen Gang über das Wasser offenbarte sich Jesus den Jüngern als Herrscher über die Elemente. Die beiden Naturwunder, die über Jahrhunderte hinweg beliebte Bildthemen waren, stehen am Beginn einer Reihe ganz verschiedener Wundertaten, die im folgenden vorgestellt werden.

DER STURM AUF DEM SEE

Am Abend dieses Tages sagte er zu ihnen: Wir wollen ans andere Ufer hinüberfahren.
Sie schickten die Leute fort und fuhren mit ihm in dem Boot, in dem er saß, weg;
einige andere Boote begleiteten ihn. Plötzlich erhob sich ein heftiger Wirbelsturm,
und die Wellen schlugen in das Boot, so daß es sich mit Wasser zu füllen begann.
Er aber lag hinten im Boot auf einem Kissen und schlief. Sie weckten ihn und riefen:
Meister, kümmert es dich nicht, daß wir zugrunde gehen?
Da stand er auf, drohte dem Wind und sagte zu dem See: Schweig, sei still!
Und der Wind legte sich, und es trat völlige Stille ein. Er sagte zu ihnen:
Warum habt ihr solche Angst? Habt ihr noch keinen Glauben?
Da ergriff sie große Furcht, und sie sagten zueinander: Was ist das für ein Mensch,
daß ihm sogar der Wind und der See gehorchen?
Markus 4,35-41

Bild 14
Sturm auf dem See
(um 1020)
Hitda-Codex
Darmstadt
Hessische
Landesbibliothek
Cod. 1640, fol. 117r

Der Kirchenschriftsteller Tertullian (ca. 160-225) deutete das vom Sturm bedrohte Schiff als die christliche Kirche, die in ihrer Anfangszeit durch Verfolgung höchst gefährdet war. Im schlafenden Jesus sah Tertullian den am Kreuz Entschlafenen, der durch seinen Tod 'den Sturm gestillt' und Frieden in die Welt gebracht hat.

Die Künstler zeigten meist den friedlich im Nachen schlafenden Jesus, während ringsum der Sturm tobt. In der mittelalterlichen Buchmalerei wird Jesus häufig abgebildet, wie er den Winden Einhalt gebietet. Manche Bilder zeigen ihn sogar zweimal, im Schlaf und beim Stillen des Sturms. Die nachmittelalterliche Kunst thematisiert dagegen oft die Verzweiflung der Jünger und ihre Angst vor dem Untergang ihres Schiffes.

Zum Hitda-Codex siehe auch den Informationstext auf Seite 133 sowie die Bilder 31 und 37.

Im Evangelistar der Äbtissin Hitda von Meschede nimmt jeweils eine Miniatur eine volle Handschriftseite ein. Im Bild 'Sturm auf dem See' reicht das muschelförmige Schiff mit dem Kopf und dem Schwanz eines Ungeheuers bis über den Bildrand hinaus. Das Heck wird weit aus dem Wasser gehoben, das Segel hat sich losgerissen und flattert im Wind. Die Männer können mit ihren zungenförmigen Rudern gegen die Gewalt von Wasser und Wind nichts ausrichten. Der blaue Hintergrund mit den nur schwach angedeuteten Wellen erscheint wie ein unendlich großes Meer, auf dem das Schiff hilflos treibt. Am Bootsrand hat der schlafende Jesus den Kopf auf den Arm gelegt. Hinter ihm drängen sich einige der Jünger zusammen und starren verzweifelt in die tosende See. Vorne versuchen andere, Segel und Ruder wieder in ihre Gewalt zu bekommen. Nur einer wendet sich Jesus zu und legt ihm die Hand auf die Schulter.

Das im offenen Blau treibende Boot ist als Symbol für die Kirche zu verstehen, die von Gott mit allen Gläubigen durch die Stürme und Gefahren des Lebens geführt wird. Hierauf deutet auch der beigegebene Titulus. Er lautet auf deutsch: 'Meer und Winde gehorchen dem Befehl des Allmächtigen'. Bild und Bildunterschrift wollen den in Bedrängnis Geratenen die Gewißheit vermitteln, daß sie sich auf die Hilfe Gottes verlassen können.

Codex: (lateinisch = Holzklotz, Baumstamm) Die Bezeichnung ist auf die älteste Form der Handschrift zurückzuführen, bei der gelochte Holztäfelchen durch Riemen zusammengehalten wurden. Später nannte man die nicht gerollten Pergamenthandschriften Codices.

Evangelistar (oder Perikopenbuch): Enthält einzelne Abschnitte der Evangelien (die sogenannten Perikopen), die so hintereinander angeordnet sind, wie sie im Jahreslauf an den Sonn- und Festtagen während der Gottesdienste gelesen wurden. Für die Auswahl der Perikopen gab es keine festen Vorschriften, so daß große regionale und zeitliche Unterschiede auftraten.

Titulus: Text unter einem Fresko, einer Buchillustration oder einem Gemälde. Er kann in Versform gehalten sein und gibt eine Erklärung zum Inhalt des Bildes. Deshalb sind Tituli wichtig für die Deutung und Identifizierung mittelalterlicher Kunstwerke.

Zu Rembrandt siehe auch Bild 40.

In dem Gemälde von Rembrandt deutet zunächst nichts auf eine biblische Geschichte hin. Ein kleines Segelschiff ist in einen heftigen Sturm geraten, Wasser schwappt ins Boot, Taue reißen, und das Hauptsegel ist schon zerfetzt. Der See ist bedrohlich schwarz, und am Himmel ballen sich dunkle Wolken zusammen. Eine hohe Welle hebt den Bug empor.

Vorne versuchen fünf Männer das Segel zu bändigen und die Macht über das Boot zurückzugewinnen. Durch tatkräftiges Zupacken wollen sie die Gefahr abwenden. Sie sind in helles Licht getaucht und ziehen so die Aufmerksamkeit des Betrachters auf sich. Nur einer der Jünger wirkt ganz und gar hilflos. Er ist seekrank geworden und übergibt sich über die Reling.

Das Heck liegt ganz im Dunkeln, nur das Gesicht Jesu ist erhellt. Auch dort reagieren einige der Männer sehr menschlich: Sie reden mit verzweifelten Gebärden auf Jesus ein und fragen, ob ihm ihr Untergang gleichgültig sei. Sein eindringlicher Blick wirft ihnen fehlendes Vertrauen vor, denn sie scheinen von der Gefahr so verängstigt, daß sie mutlos geworden sind und jede Hoffnung auf Rettung aufgegeben haben.

Rembrandts Deutung des Sturms auf dem See unterscheidet sich grundsätzlich von der Aussage der Miniatur ‚Sturm auf dem See' im Hitda-Codex. Rembrandt sieht das Thema aus der Perspektive des vom Schicksal herausgeforderten Menschen und betrachtet es damit weniger aus theologischer als aus psychologischer Sicht. Er richtet den Blick auf die Situation der Jünger, auf ihren Kampf mit den Naturgewalten. Rembrandt zeigt, wieviel Vertrauen Jesus von seinen Weggefährten fordert und zugleich wie schwer es ihnen fällt, seinen Erwartungen zu entsprechen.

Bild 15
Die Jünger im Sturm auf dem See von Galiläa
(1633)
Rembrandt Harmensz. van Rijn (1606-1669)
Öl/Leinwand, 160 x 127 cm
Boston, Isabella Stewart Gardner Museum

Mit Sicherheit hat der bedeutendste Maler der französischen Romantik, Eugène Delacroix, das Bild Rembrandts zum selben Thema gekannt, weisen die Gemälde der beiden Künstler doch viele Gemeinsamkeiten auf.

Aus seiner intensiven Beschäftigung mit dem ‚Sturm auf dem See Gennesaret' gehen zwischen 1853 und 1856 zehn Gemälde hervor, von denen die Abbildung rechts das vierte zeigt. Delacroix, der sich als Historienmaler häufig auf eine literarische Vorlage stützt, zieht für diese Bildserie die Bibel als Quelle heran. Dies ist im 19. Jahrhundert nicht mehr die Regel. Biblische Themen werden in der Romantik seltener behandelt, und die Natur tritt als Bildmotiv immer mehr in den Vordergrund.

Auch hier kämpft die Mannschaft gegen die Naturgewalten an, während Jesus ruht. Er schläft, in ein leuchtend rotes Gewand gehüllt, auf einem Kissen direkt an der Reling. Sein Nimbus leuchtet wie eine Sonne. Ein Jünger geht im schwankenden Boot auf Jesus zu, um ihn zu wecken und um Hilfe zu bitten.

Das Gemälde von Delacroix spricht den Betrachter vor allem durch seine kräftige Farbigkeit und die spannungsvolle Bewegtheit von See, Boot und Himmel an. Der Maler breitet eine ganze Palette verschiedener Blau- und Grüntöne aus, die am Himmel mit Gelb durchsetzt sind und ins Schwarze übergehen, wo sich düstere Wolken zusammenballen. Das Wasser schimmert türkisgrün, und auf den Wellen bilden sich weiße Gischtspitzen. Dahinter hebt sich das Land in dunkelblauen Schattierungen vom See ab.

Die mit nervösem Pinselstrich gesetzten Farben spiegeln die Bedrohung durch die Natur wider. Entsprechend dramatisch sind die Formen des flatternden Segels, die Wolkenfetzen am Himmel und die Gesten der Männer. So wirkt das Bild zunächst wie die bloße Darstellung eines in Seenot geratenen Schiffes, das erst bei näherem Hinsehen durch den ruhig schlafenden Jesus seine gedankliche Erweiterung erfährt.

Französische Romantik: Bezeichnet keinen eigentlichen Stilbegriff, da die romantischen Maler keine eigene Formensprache entwickelten. Vom zeitlich vorausgehenden Klassizismus und vom nachfolgenden Realismus unterscheidet sich die französische Romantik vor allem durch ihre Motive, die der Innerlichkeit und dem privaten Bereich des Einzelnen zugewandt sind. Die Künstler dieser Strömung überwinden die strengen Formen des Klassizismus und betonen den Eigenwert der Farbe. Eine zeitliche Abgrenzung ist nicht möglich. Ihren Höhepunkt erreicht die Romantik in Frankreich Mitte des 19. Jahrhunderts.
Historienmalerei: Gattung der Malerei, die geschichtliche Ereignisse zum Bildthema macht. In einem erweiterten Verständnis können dies auch mythische, biblische und dichterische Stoffe sein.

Bild 16
Christus auf dem See Gennesaret
(1854)
Eugène Delacroix (1798-1863)
Öl/Leinwand, 59,6 x 73,3 cm
Baltimore
The Walters Art Gallery

JESUS WANDELT AUF DEM WASSER

Gleich darauf forderte er die Jünger auf, ins Boot zu steigen und an das andere Ufer vorauszufahren. Inzwischen wollte er die Leute nach Hause schicken. Nachdem er sie weggeschickt hatte, stieg er auf einen Berg, um in der Einsamkeit zu beten. Spät am Abend war er immer noch allein auf dem Berg. Das Boot aber war schon viele Stadien vom Land entfernt und wurde von den Wellen hin und her geworfen; denn sie hatten Gegenwind. In der vierten Nachtwache kam Jesus zu ihnen; er ging auf dem See. Als ihn die Jünger über den See kommen sahen, erschraken sie, weil sie meinten, es sei ein Gespenst, und sie schrien vor Angst. Doch Jesus begann mit ihnen zu reden und sagte: Habt Vertrauen, ich bin es; fürchtet euch nicht! Darauf erwiderte ihm Petrus: Herr wenn du es bist, so befiehl, daß ich auf dem Wasser zu dir komme. Jesus sagte: Komm! Da stieg Petrus aus dem Boot und ging über das Wasser auf Jesus zu. Als er aber sah, wie heftig der Wind war, bekam er Angst und begann unterzugehen. Er schrie: Herr, rette mich! Jesus streckte sofort die Hand aus, ergriff ihn und sagte zu ihm: Du Kleingläubiger, warum hast du gezweifelt? Und als sie ins Boot gestiegen waren, legte sich der Wind. Die Jünger im Boot aber fielen vor Jesus nieder und sagten: Wahrhaftig, du bist Gottes Sohn.
Matthäus 14,22-33

Auch bei der Auslegung dieses Wunders lag für die Kirchenväter der Vergleich des Schiffs mit der Kirche nahe. In Mast und Rahstange sahen sie wegen der Übereinstimmung von Form und Material das Kreuz. Das Schiff mit dem Zeichen des Kreuzes wurde zum Symbol für die Heilsgewißheit der Kirche.

Zu Ghibertis Bronzetür am Baptisterium in Florenz siehe auch Bild 8.

Für Ghibertis erste Bronzetür des Baptisteriums in Florenz wurde neben anderen Szenen aus dem Leben Jesu auch die ‚Rettung Petri‘ ausgewählt. Lorenzo Ghiberti hat das Relief im ersten Viertel des 15. Jahrhunderts geschaffen.

Der Jünger ist bereits bis zu den Hüften in das Wasser eingesunken, während Jesus mit leicht zurückgelehntem Oberkörper auf einer Welle steht. Er strahlt Ruhe aus und wendet sich Petrus zu, um ihn vor dem Untergehen zu retten. Der um Hilfe Rufende scheint vor Jesus zu knien und ihn anzubeten.

Dicht hinter den beiden Hauptpersonen treibt das Boot auf dem stark bewegten See. Erstaunlicherweise scheinen sich die anderen Jünger nicht für das zu interessieren, was vor ihren Augen auf dem Wasser geschieht. Einer richtet seinen Blick mit abschirmender Hand zum Himmel, ein anderer macht sich an der Leine des Segels zu schaffen. Die meisten aber stecken die Köpfe zusammen und versuchen zu verstehen, wie Jesus über das Wasser zu ihnen gelangen konnte. Sie haben noch nicht erkannt, was Petrus in diesem Augenblick begreift: Jesus ist Gottes Sohn.

Den Hintergrund des Reliefs nimmt die Takelage des Bootes ein: Sie erscheint als riesenhaftes Kreuz. Vierpässe, die an das Maßwerk gotischer Kirchenfenster erinnern, gliedern das Geländer am Heck und stellen einen weiteren gedanklichen Zusammenhang zwischen Schiff und Kirche her.

Vierpaß: Ornamentfigur, die sich aus vier Kreisteilen zusammensetzt.
Maßwerk: Sprossen aus Stein zur Unterteilung von gotischen Fenstern und Brüstungen. Diente auch als Flachrelief zur Verzierung von Giebeln und anderen Gebäudeflächen.

Bild 17
Christus wandelt auf dem Meer *(1403-1424),*
Lorenzo Ghiberti (1381-1455)
Bronzerelief, ca. 45 x 38 cm, Florenz, Baptisterium, Nordtüre

Philipp Otto Runge ist bis heute einer der bekanntesten Maler der deutschen Romantik. Sein Gemälde ‚Petrus auf dem Meer' weist im Aufbau einige Ähnlichkeiten mit dem Bronzerelief Ghibertis auf: Vorne der im Wasser versinkende Petrus mit Jesus, der ihn rettet, und im Mittelgrund das Schiff, mit dem die Jünger unterwegs zum anderen Ufer sind.

Zwischen den beiden Darstellungen bestehen aber auch wesentliche Unterschiede. Ghiberti nutzt durch eine geschickte Anordnung den vorhandenen Raum intensiv. Während bei dem italienischen Künstler das mit symbolischer Bedeutung aufgeladene Schiff das Relief beherrscht, ist für Runge der bewölkte Nachthimmel von besonderem Interesse und nimmt deshalb zwei Drittel der Leinwand ein. Der Vollmond beleuchtet die Szene und spiegelt sich im Wasser wider. Sein fahles Licht, der vom Sturm aufgewühlte See, das windgeblähte Gewand Jesu, die Gesichter der Jünger mit den vor Schreck geweiteten Augen und die verkrampften Gesten der Männer schaffen eine unheimliche Atmosphäre.

Im Vordergrund des Bildes rettet Jesus als souveräner Beherrscher der Elemente Petrus vor dem drohenden Untergehen. Während Jesus den Blick auf den Jünger richtet und ihm stützend unter den Arm greift, wendet sich dieser von ihm ab und blickt mit weit aufgerissenen Augen entsetzt aus dem Bild. Plötzlich erfassen ihn Zweifel und er droht im Wasser zu versinken. Die Todesangst weicht auch nicht von ihm, als Jesus ihn schon hält.

Runges Bild ist unvollendet geblieben, so daß seine Arbeitsweise gut sichtbar bleibt. Demnach hat der Künstler auf der Leinwand den Bildaufbau festgelegt und Haltung und Gesten der Figuren ausgearbeitet. Danach hat er zunächst die Flächen mit hellen Farben unterlegt und erst dann begonnen, die kräftigen aufzutragen.

Nur Jesus, ein großer Teil der Landschaft und die Männer im mittleren Bereich des Bootes sind vollständig koloriert. Bei den Personen links unter dem Segel und beim Boot selbst sind dagegen erst die Schattierungen abgeschlossen. Die Wirkung des Bildes wird davon jedoch keineswegs beeinträchtigt. Die fahle Farblosigkeit unterstreicht im Gegenteil noch die gespenstische Stimmung der Nachtszene.

Deutsche Romantik: Kunstrichtung in der ersten Hälfte des 19. Jahrhunderts. Ihre bekanntesten Vertreter sind Philipp Otto Runge (1777-1810) und Caspar David Friedrich (1774-1840). Die Romantiker entfalteten vor allem in Landschaftsbildern ihre innere Haltung, die von einer neuen Wertschätzung von Phantasie, Gefühl und Patriotismus geprägt war. Hierin unterscheiden sie sich deutlich von der um 1800 vorherrschenden klassizistischen Kunst, die Themen aus der antiken Mythologie bevorzugte und formal eine strenge Linienführung und den klaren Bildaufbau forderte.

Bild 18
Petrus auf dem Meer
(1806/07, unvollendet)
Philipp Otto Runge (1777-1810)
Öl/Leinwand, 116 x 157 cm
Hamburg, Kunsthalle

DIE HEILUNG VON KRANKEN

Nach jüdischem Glauben können dem Menschen als Strafe für seine Sünden von Gott Krankheiten auferlegt werden. Nur Gott allein steht es danach zu, Sünden zu vergeben und Leiden zu heilen. Ein wichtiges Element der Wundererzählung ist daher der Glaube an Gott, der der Heilung vorausgeht. Dieser Glaube äußert sich den Evangelientexten zufolge im vollen und bedingungslosen Vertrauen auf die Macht Jesu.

Die unterschiedlichen Krankenheilungen folgen oft einem ganz bestimmten einheitlichen Erzählmuster: Die Kranken treten entweder selbst auf Jesus zu oder werden zu ihm gebracht. Wenn Jesus ihren Glauben erkannt hat, spricht er sie erst von ihren Sünden frei und heilt sie dann. Manchmal untersagt er den Geheilten, von dem Wunder an ihnen zu erzählen.

Im frühen Mittelalter waren die Krankenheilungen ein sehr beliebtes Bildmotiv. In vielen Buch- und Wandmalereien hielten Künstler fest, wie Jesus - oft nur durch eine kleine Geste - die Heilung bewirkte. In späterer Zeit ließ das Bedürfnis, den Gottessohn als großen Wundertäter zu zeigen, stark nach. Deshalb stammen in diesem Kapitel nur wenige Werke aus nachmittelalterlicher Zeit.

DIE HEILUNG DES GELÄHMTEN VON KAFARNAUM

Als er einige Tage später nach Kafarnaum zurückkam, wurde bekannt, daß er (wieder) zu Hause war. Und es versammelten sich so viele Menschen, daß nicht einmal mehr vor der Tür Platz war; und er verkündete ihnen das Wort. Da brachte man einen Gelähmten zu ihm; er wurde von vier Männern getragen. Weil sie ihn aber wegen der vielen Leute nicht bis zu Jesus bringen konnten, deckten sie dort, wo Jesus war, das Dach ab, schlugen (die Decke) durch und ließen den Gelähmten auf seiner Tragbahre durch die Öffnung hinab. Als Jesus ihren Glauben sah, sagte er zu dem Gelähmten: Mein Sohn, deine Sünden sind dir vergeben! Einige Schriftgelehrte aber, die dort saßen, dachten im stillen: Wie kann dieser Mensch so reden? Er lästert Gott. Wer kann Sünden vergeben außer dem einen Gott? Jesus erkannte sofort, was sie dachten, und sagte zu ihnen: Was für Gedanken habt ihr im Herzen? Ist es leichter, zu dem Gelähmten zu sagen: Deine Sünden sind dir vergeben! oder zu sagen: Steh auf, nimm deine Tragbahre, und geh umher? Ihr sollt aber erkennen, daß der Menschensohn die Vollmacht hat, hier auf der Erde Sünden zu vergeben. Und er sagte zu dem Gelähmten: Ich sage dir: Steh auf, nimm deine Tragbahre, und geh nach Hause! Der Mann stand sofort auf, nahm seine Tragbahre und ging vor aller Augen weg. Da gerieten alle außer sich; sie priesen Gott und sagten: So etwas haben wir noch nie gesehen.
Markus 2,1-12

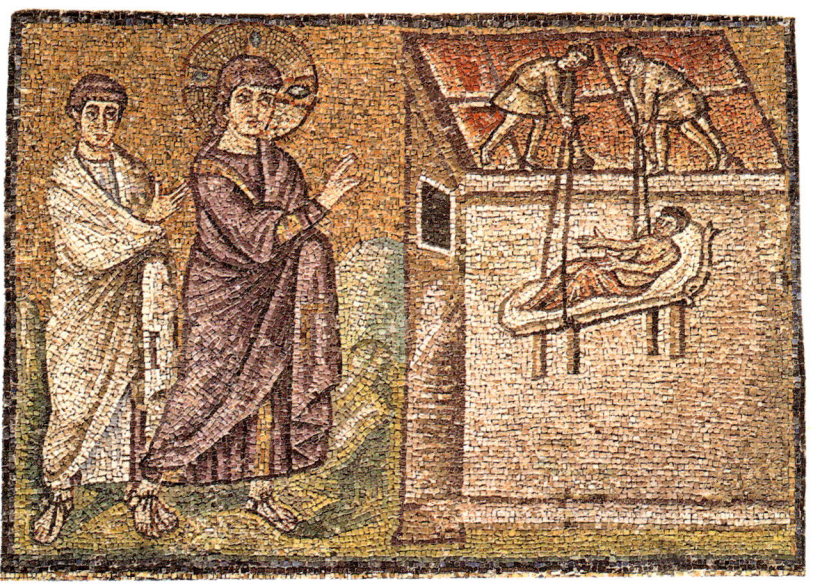

Bild 19
Heilung des
Gelähmten von
Kafarnaum
(6. Jahrhundert)
Mosaik
Ravenna
Sant' Apollinare
Nuovo

Bild 20
Genesung des Gelähmten
(6. Jahrhundert)
Mosaik
Ravenna
Sant' Apollinare Nuovo

Zu den Mosaiken in Sant'Apollinare Nuovo in Ravenna siehe auch den Informationstext auf Seite 132 und die Bilder 22 und 25.

Auf Bild 19 lassen zwei Männer einen Kranken auf einer Tragbahre vom Dach eines Hauses herab. Die im Bibeltext erwähnte Menschenmenge ist hier nicht zu sehen. Jesus wird von einem Jünger begleitet, der aus dem Bild herausschaut und so scheinbar Blickkontakt mit dem Betrachter aufnimmt. Mit einer Hand lenkt er die Aufmerksamkeit auf Jesus, der mit segnender Geste auf das Haus zugeht, um den Gelähmten von seinen Sünden loszusprechen und ihn zu heilen. Der Kranke, dessen Beine verhüllt sind, streckt Jesus vertrauensvoll bittend beide Arme entgegen.

Im zweiten Mosaik ist der inzwischen Geheilte mit einem kurzen Gewand bekleidet, unter dem kräftige Beine hervorschauen. Er trägt das Bettgestell, auf dem er eben noch gelegen hat, mit weit ausholendem Schritt davon und blickt im Gehen zurück zu Jesus, der ihm seinen Segen erteilt.

Beide Bilder zeigen Jesus als Herr über Krankheit und Gesundheit. Er führt seine Macht zu heilen selbst als einen sichtbaren Beweis dafür an, daß er der Messias sei. Diese Aussage des Evangeliums allen Besuchern des Gotteshauses vor Augen zu führen, war Aufgabe und Ziel der Künstler von Sant'Apollinare Nuovo.

DIE HEILUNG DES GELÄHMTEN
AM TEICH BETESDA

Einige Zeit später war ein Fest der Juden, und Jesus ging hinauf nach Jerusalem. In Jerusalem gibt es beim Schaftor einen Teich, zu dem fünf Säulenhallen gehören; dieser Teich heißt auf hebräisch Betesda. In diesen Hallen lagen viele Kranke, darunter Blinde, Lahme und Verkrüppelte, die auf die Bewegung des Wassers warteten. Ein Engel des Herrn aber stieg zu bestimmter Zeit in den Teich hinab und brachte das Wasser zum Aufwallen. Wer dann als erster hineinstieg, wurde gesund, an welcher Krankheit er auch litt.Dort lag auch ein Mann, der schon achtunddreißig Jahre krank war. Als Jesus ihn dort liegen sah und erkannte, daß er schon lange krank war, fragte er ihn: Willst du gesund werden? Der Kranke antwortete ihm: Herr, ich habe keinen Menschen, der mich, sobald das Wasser aufwallt, in den Teich trägt. Während ich mich hinschleppe, steigt schon ein anderer vor mir hinein. Da sagte Jesus zu ihm: Steh auf, nimm deine Bahre und geh! Sofort wurde der Mann gesund, nahm seine Bahre und ging.
Johannes 5,1-9

Der Spanier Bartolomé Murillo hat in seinem Gemälde den Teich Betesda in ein gepflegtes Bad verwandelt, das von stattlichen Säulenhallen umgeben ist. Die Kranken sind an das Becken herangetreten. Die Gebrechlichen unter ihnen liegen auf dem Boden, andere Leidende gehen unter den Arkaden spazieren. Am bewölkten Himmel erscheint umgeben von gelbem Licht der Engel, der gleich in den Teich steigen und das Wasser zum Aufwallen bringen wird.

Drei unterschiedlich charakterisierte Jünger begleiten Jesus. Bei dem kahlköpfigen älteren handelt es sich wohl um Petrus, bei dem jüngeren mit dem roten Umhang um Johannes, der – wie man zu Murillos Zeit annahm – in seinem Evangelium von dieser Wunderheilung berichtet. Die vier

Männer blicken auf den Gelähmten, an dem Jesus gleich das Wunder vollziehen wird. Er streckt dem Hilflosen die offene Hand entgegen. Der Gelähmte wendet sich Jesus mit fragendem Gesichtsausdruck und ausgebreiteten Armen zu. Gesten des Gebens und Empfangens verbinden – wie im Mosaik von Ravenna – den Kranken und den Heilenden.

Bild 21
Christus heilt den Gelähmten von Betesda
(um 1673/74)
Bartolomé Murillo (1618-1682)
Öl/Leinwand, 237 x 261 cm
London, National Gallery

DIE HEILUNG VON ZWEI BLINDEN

Als Jesus weiterging, folgten ihm zwei Blinde und schrien: Hab Erbarmen mit uns, Sohn Davids! Nachdem er ins Haus gegangen war, kamen die Blinden zu ihm. Er sagte zu ihnen: Glaubt ihr, daß ich euch helfen kann? Sie antworteten: Ja, Herr. Darauf berührte er ihre Augen und sagte: Wie ihr geglaubt habt, so soll es geschehen. Da wurden ihre Augen geöffnet. Jesus aber befahl ihnen: Nehmt euch in acht! Niemand darf es erfahren. Doch sie gingen weg und erzählten von ihm in der ganzen Gegend. Matthäus 9,27-31

Die Evangelien berichten noch von weiteren Blinden, die Jesus heilte. Er bewirkte die Wunder dabei auf verschiedene Weis, manchmal allein durch sein Wort, das er an die Kranken richtete. Häufig berührte er auch ihre Augen oder legte ihnen die Hand auf. Einmal mischte er Speichel und Erde und bestrich damit die Augen eines Blinden.

Bereits die frühchristlichen Kirchenlehrer verstanden Blindenheilungen auch im übertragenen Sinn. Irenäus (gest. um 202) verglich sie mit der Auferstehung, die die Menschen am Himmelslicht teilhaben läßt. Isidor von Sevilla (560-633) begriff sie als Symbol für die innere Erleuchtung und die Rettung aus geistiger Finsternis.

Darstellungen von Blindenheilungen finden sich häufig schon aus frühchristlicher Zeit in Katakomben und auf Sarkophagen. Mittelalterliche Zyklen zum Leben Jesu und seinen Wundern enthalten dieses Motiv fast immer, weil sich die Heilung von Blinden als besonders eindrucksvoll erwies. Im späten Mittelalter sinkt das Interesse der Auftraggeber von Kunstwerken an den Wundern Jesu, so daß das Motiv der Blindenheilung seit dieser Zeit kaum noch anzutreffen ist.

Zu den Mosaiken in Sant' Apollinare Nuovo in Ravenna siehe auch den Informationstext auf Seite 132 und die Bilder 19, 20 und 25.

In diesem Mosaik aus Sant' Apollinare Nuovo sind rechts der jugendliche Jesus und ein Jünger zu sehen, während von links ein alter und ein junger Mann herantreten. Daß die beiden blind sind, ist an den geschlossenen Augen und dem dicken Stock des Vorderen zu erkennen. Jesus berührt ein Lid des jüngeren und vollzieht so die Heilung an ihm.

Sarkophag: Ein meist kunstvoll verzierter Sarg aus Stein oder Metall. In frühchristlicher Zeit ersetzte man die mythologischen und genrehaften heidnischen Motive auf den äußeren Wandflächen und dem Deckel durch christliche Themen.

Bild 22
Christus heilt die beiden Blinden
(6. Jahrhundert)
Mosaik, Ravenna, Sant' Apollinare Nuovo

In ihrer Kleidung unterscheiden sich Jesus und sein Begleiter auffallend von den beiden Blinden. Jesus ist mit einer purpurvioletten Tunika, einem hemdartigen Gewand mit zwei schmückenden Längsstreifen und engen Ärmeln bekleidet. Darüber trägt er ein gleichfarbiges Tuch, das Pallium, das über Schulter und Leib geworfen und mit dem Arm hochgenommen wird, so daß eine Hand verdeckt ist. Diese Kleidungsstücke wurden von den italienischen Christen der Frühzeit getragen, wie man auf Darstellungen in Katakomben und auf Sarkophagen beobachten kann. Schon im 6. Jahrhundert waren sie nicht mehr gebräuchlich, die Künstler aber beließen Jesus und den Aposteln diese Tracht und hoben sie so aus der Zeit heraus. Die Blinden sind dagegen wie die Juden Italiens zu jener Zeit gekleidet: mit weißem Unterkleid und einer Tunika mit Armlöchern. Darüber fällt die sogenannte Planeta, mit einer dunklen Linie in der Mitte, die sich nach oben hin fünffach verzweigt. An den Füßen tragen sie schwarze Schuhe.

Auch im Ausschnitt des Münchner Speculum-Fensters aus dem letzten Viertel des 15. Jahrhunderts bitten zwei Blinde Jesus um Heilung. Doch wenden sich hier die Personen dem Betrachter nicht mehr frontal und unbewegt zu. Sie fügen sich zwischen zwei Pfeiler, die durch einen angedeuteten Bogen verbunden sind und so dem Ganzen einen eigenen sakralen Rahmen geben.

Die beiden Blinden erheben demütig bittend die Hände zu Jesus. Der vordere kniet vor ihm und wendet sein Gesicht nach oben. Jesus segnet ihn, ohne ihn zu berühren. Der Jünger hinter Jesus blickt auf den Boden und bemerkt das Wunder gar nicht, das sich vor seinen Augen ereignet.

Der Glasmaler, dessen Namen nicht überliefert ist, fügt ein neues Bildelement in diese Szene ein: die den Hintergrund füllende Landschaft. Anders als der Mosaikkünstler von Ravenna, der die Blindenheilung in einer überirdischen, goldleuchtenden Umgebung stattfinden läßt, gibt der Künstler des Speculum-Fensters der Geschichte damit einen Schauplatz und stellt Jesus in einen irdischen Zusammenhang. Der Gottessohn wird hier zum mildtätigen Helfer der Menschen. Die Heilung zeigt weniger seine göttliche Macht, als die mitfühlende Hinwendung zu den Bedürftigen.

Speculum Fenster: Das ‚Speculum humanae salvationis‘ (‚Spiegel des menschlichen Heils‘) ist eine theologische Abhandlung aus dem 13. Jahrhundert, die wichtigen Begebenheiten aus dem Leben Jesu Ereignisse aus dem Alten Testament gegenüberstellt. Das Münchner Fenster ist nach dem ‚Speculum‘ benannt, weil es sich in der Auswahl und Anordnung der biblischen Szenen nach diesem ‚Heilsspiegel‘ richtet. Der Künstler verwendete aber offensichtlich auch noch andere Vorlagen, da die Blindenheilung im ‚Heilsspiegel‘ nicht enthalten ist.

Bild 23 **Christus heilt die beiden Blinden** *(um 1480)*
Meister des Münchner Speculum-Fensters, Glasmalerei
München, Speculum-Fenster der Frauenkirche

61

DIE HEILUNG DES BLINDEN VON JERICHO

Als sie Jericho verließen, folgte ihm eine große Zahl von Menschen.
An der Straße aber saßen zwei Blinde, und als sie hörten, daß Jesus vorbeikam,
riefen sie laut: Herr, Sohn Davids, hab Erbarmen mit uns!
Die Leute aber wurden ärgerlich und befahlen ihnen zu schweigen.
Sie aber schrien noch lauter: Herr, Sohn Davids, hab Erbarmen mit uns!
Jesus blieb stehen, rief sie zu sich und sagte: Was soll ich euch tun?
Sie antworteten: Herr, wir möchten, daß unsere Augen geöffnet werden.
Da hatte Jesus Mitleid mit ihnen und berührte ihre Augen.
Im gleichen Augenblick konnten sie wieder sehen, und sie folgten ihm.
Matthäus 20,29-34

Der französische Maler Nicolas Poussin wurde von der intensiven Farbgebung Tizians und der klassischen Formensprache Raffaels beeinflußt. Er lebte viele Jahre in Rom, wo er sich intensiv mit kunsttheoretischen Schriften auseinandergesetzt und viele antike Altertümer studiert hat. Seinen Bildern mit Themen aus der antiken Mythologie und der Bibel gab er meist den Rahmen einer idealen Landschaft.

In dem Gemälde ‚Christus heilt die Blinden von Jericho' deutet Poussin mit dem trockenen Lehmboden, auf dem die zeitlos bekleideten Personen barfuß gehen, das heiße mediterrane Klima Jerichos an.

Das Gemälde ist optisch ausgewogen, nichts stört seine Harmonie. Die Landschaft mit den herrschaftlichen Steingebäuden Jerichos, dem Fluß, den hohen üppigen Bäumen und der Burg auf dem Felsen im Hintergrund ist klar gegliedert. Auch die Menschen sind nach einer festen Ordnung gruppiert. Die Personen bewegen sich, einer strengen Choreographie gehorchend, wie auf einer Bühne. Die Mutter mit dem Kind, die beiden knien-

Bild 24
Christus heilt die Blinden von Jericho *(1650)*
Nicolas Poussin (1593-1665)
Öl/Leinwand, 119 x 176 cm
Paris, Louvre

den Blinden, die vier Begleitpersonen, Jesus selbst und drei seiner Jünger bilden ein in das Gemälde eingeschriebenes Rechteck, in dessen Zentrum die Heilung geschieht.

Alle Blicke richten sich auf die rechte Hand Jesu. Besonders auffällig ist der grün gekleidete, bärtige Mann links von Jesus, der sich tief nach unten beugt, um ganz genau erkennen zu können, wie von der Hand Jesu eine heilende Wirkung ausgeht. Poussin hat mit diesem Zeugen des Wunders das Sehen auch in übertragener Bedeutung zum Thema des Bildes

gemacht. Sein Augenlicht ermöglicht es dem Mann, Zeuge von Jesu Kraft zu werden; Er sieht, versteht und glaubt zugleich. Blindheit, verstanden als Leben in geistiger Finsternis, ist diesem Sehen und Glauben gegenübergestellt.

DIE HEILUNG VON BESESSENEN

Sie kamen an das andere Ufer des Sees, in das Gebiet von Gerasa. Als er aus dem Boot stieg, lief ihm ein Mann entgegen, der von einem unreinen Geist besessen war. Er kam von den Grabhöhlen, in denen er lebte. Man konnte ihn nicht bändigen, nicht einmal mit Fesseln. Schon oft hatte man ihn an Händen und Füßen gefesselt, aber er hatte die Ketten gesprengt und die Fesseln zerrissen; niemand konnte ihn bezwingen. Bei Tag und Nacht schrie er unaufhörlich in den Grabhöhlen und auf den Bergen und schlug sich mit Steinen.

Als er Jesus von weitem sah, lief er zu ihm hin, warf sich vor ihm nieder und schrie laut: Was habe ich mit dir zu tun, Jesus, Sohn des höchsten Gottes?

Ich beschwöre dich bei Gott, quäle mich nicht! Jesus hatte nämlich zu ihm gesagt: Verlaß diesen Mann, du unreiner Geist! Jesus fragte ihn: Wie heißt du? Er antwortete: Mein Name ist Legion; denn wir sind viele. Und er flehte Jesus an, sie nicht aus dieser Gegend zu verbannen. Nun weidete dort an einem Berghang gerade eine große Schweineherde. Da baten ihn die Dämonen:

Laß uns doch in die Schweine hineinfahren! Jesus erlaubte es ihnen.

Darauf verließen die unreinen Geister den Menschen und fuhren in die Schweine, und die Herde stürzte sich den Abhang hinab in den See.

Es waren etwa zweitausend Tiere, und alle ertranken.

Die Hirten flohen und erzählten alles in der Stadt und in den Dörfern.

Darauf eilten die Leute herbei, um zu sehen, was geschehen war. Sie kamen zu Jesus und sahen bei ihm den Mann, der von der Legion Dämonen besessen gewesen war. Er saß ordentlich gekleidet da und war wieder bei Verstand. Da fürchteten sie sich. Markus 5,1-15

Besessen zu sein bedeutet in der Heiligen Schrift immer, von Dämonen besessen zu sein. Im Neuen Testament handelt es sich dabei stets um böse geistige Mächte im Gefolge Satans, die stärker sind als der menschliche Wille. Um die Gesellschaft vor den Dämonen zu schützen, wurden Besessene häufig aus der Gemeinschaft ausgestoßen und mußten ihr Dasein an entlegenen Orten fristen, wie hier in den Grabhöhlen.

Bild 25
Die Heilung des Besessenen
(6. Jahrhundert)
Mosaik
Ravenna, Sant' Apollinare Nuovo

Zu den Mosaiken in Sant' Apollinare Nuovo in Ravenna siehe auch den Informationstext auf Seite 132 und die Bilder 19, 20 und 22.

Im Mosaik ‚Die Heilung des Besessenen‘ kommen Jesus und sein Begleiter zu einer der Grabhöhlen, bei denen sich die aus der Gemeinschaft Ausgestoßenen aufhalten. Der einstig Besessene, der hier deutlich kleiner als Jesus und sein Jünger abgebildet ist, zeigt keine äußeren Anzeichen seines früheren Leidens mehr und kniet dankbar vor Jesus. Die Dämonen sind in die Schweine gefahren, die sich daraufhin selbst in den See stürzen. Jesus weist mit einer Hand auf den Geheilten, richtet aber wie sein Begleiter den Blick auf den Betrachter, um ihn so mit in das Geschehen einzubeziehen.

Die Elfenbeinschnitzerei mit der ‚Heilung des Besessenen' war ursprünglich wohl Teil eines etwa 40 bis 50 Platten umfassenden Antependiums, das Kaiser Otto I. zwischen 962 und 973 für den neu gegründeten Dom von Magdeburg stiftete.

Während der Künstler des Mosaiks aus Ravenna das Wunder detailreicher schildern konnte, mußte sich der heute unbekannte Elfenbeinschnitzer bei der kleinen Tafel auf die wesentlichen Elemente beschränken.

Vor einem schachbrettartig durchbrochenen Hintergrund stehen sich zwei Gruppen gegenüber: Jesus mit seinen Jüngern, von denen Petrus am Schlüssel zu erkennen ist, und der Besessene, der von einem Begleiter festgehalten wird.

Mit einer Geste und einem eindringlichen Blick vertreibt Jesus den Dämon, der in menschenähnlicher Gestalt mit ausgebreiteten Armen und riesigen Flügeln – der Kopf ist leider abgebrochen – aus dem Mund des Kranken entflieht.

Die Reliefs des Antependiums zierten wohl den Altar und dienten der Verherrlichung Gottes. Für die Masse der Gläubigen waren die Motive auf den einzelnen kleinen Tafeln von weitem jedoch kaum zu erkennen. Ganz im Gegensatz dazu sollte das Mosaik an der Kirchenwand von Sant' Apollinare Nuovo mit dem leuchtenden Goldgrund alle Besucher des Gotteshauses ansprechen und ihnen die Macht Jesu vor Augen führen.

Antependium: Verkleidung der Vorderseite eines Altars, für die zumeist Holz, Metall oder kostbarer Stoff, aber nur selten Elfenbein verwendet wurde.
Der Altarvorsatz war in der Regel ein prunkvolles Ausstattungsstück von hohem materiellem und künstlerischem Wert.

Bild 26
Die Heilung des Besessenen
(zwischen 962 und 973)
Tafel des sog. Magdeburger Antependiums
Elfenbeinrelief, 12,8 x 11,8 cm
Darmstadt
Hessisches Landesmuseum

DIE HEILUNG VON AUSSÄTZIGEN

Als Jesus in einer der Städte war, kam ein Mann, der am ganzen Körper Aussatz hatte.
Sobald er Jesus sah, warf er sich vor ihm zu Boden und bat ihn:
Herr, wenn du willst, kannst du machen, daß ich rein werde.
Da streckte Jesus die Hand aus, berührte ihn und sagte: Ich will es - werde rein!
Im gleichen Augenblick verschwand der Aussatz.
Jesus befahl ihm: Erzähl niemand davon, sondern geh, *zeig dich dem Priester* und bring
das Reinigungsopfer dar, wie es Mose angeordnet hat.
Das soll für sie ein Beweis (deiner Heilung) sein.
Lukas 5,12-14

Aussatz oder Lepra: Sehr alte und noch bis in dieses Jahrhundert hinein unheilbare Infektionskrankheit. Sie breitete sich mit den römischen Legionen in ganz Europa aus. Noch im Mittelalter gehörten die Leproserien, spezielle Häuser, in die man die Leprakranken brachte, zum gewohnten Stadtbild. Jahrhundertelang wurden die Kranken wegen der hohen Ansteckungsgefahr aus der Gesellschaft ausgestoßen und mußten bis zu ihrem Tod ein abgeschiedenes Leben führen.

Nach dem Alten Testament galten die Leprakranken als unrein (3.Mose [Levitikus] 13+14) und waren deshalb nicht nur vom Gottesdienst, sondern ganz aus der Gemeinschaft ausgeschlossen. Den Gesunden war der Kontakt mit ihnen verboten. So ist jedes Heilungswunder, das Jesus an Aussätzigen vollbringt, verbunden mit einem Verstoß gegen diese jüdische Vorschrift. Das Feststellen der Krankheit war Aufgabe der jüdischen Priesterschaft, die somit als eine Art Gesundheitsbehörde fungierte.

In der Kunst werden die von der Krankheit Befallenen mit fleckenübersätem Körper dargestellt. Manche tragen ein großes an einem Band befestigtes Horn oder eine Klapper bei sich, mit denen die Aussätzigen zu jener Zeit andere Menschen vor einer Begegnung mit ihnen warnen mußten.

Die Bezeichnung ‚Codex Aureus‘ bedeutet soviel wie ‚Goldene Handschrift‘, und dies trifft hier in doppelter Hinsicht zu. Das Evangeliar ist mit Goldbuchstaben geschrieben und zugleich mit einem prächtigen Goldeinband versehen. Der mit Perlen und Edelsteinen geschmückte vordere Buchdeckel zeigt den thronenden Christus umgeben von den vier Evangelisten und von vier Bildern mit Begebenheiten aus dem Leben Jesu. Eine davon zeigt die hier abgebildete ‚Heilung des Aussätzigen‘.

Besonders bemerkenswert an dieser Treibarbeit sind die plastische Durchfor-

---

Evangeliar: Buch mit dem vollständigen Text der vier Evangelien.
Treibarbeit: Die künstlerische Bearbeitung dünner Bleche mit einem Hammer, so daß Flachreliefs entstehen.

---

mung, die feine Herausarbeitung der Körper und die kunstvolle Anordnung der Gewandfalten. Die leicht überlängten Figuren weisen zwar formelhaft gleichartige Gesichtszüge auf, wirken aber dennoch sehr lebendig. Die kurze Tunika des Aussätzigen läßt seine Arme und Beine frei, die mit Pusteln übersät sind. Er wendet sich hilfesuchend an Jesus, wirft sich dabei aber, entgegen dem Bericht in der Bibel, nicht vor ihm auf die Knie, sondern steht dem Gottessohn aufrecht gegenüber. Die segnende Hand Jesu richtet sich auf den Kranken, der mit ausgestreckten Armen die Kraft empfängt, die ihn heilt. Die beiden Jünger zeigen ihr Erstaunen und erkennen, daß sie Zeugen eines Wunders geworden sind.

Bild 27
Heilung des Aussätzigen
(um 870)
Codex Aureus von St. Emmeram
Goldblecheinband, Treibarbeit (Detail)
München
Bayerische Staatsbibliothek, Clm. 14000

DIE HEILUNG DES WASSERSÜCHTIGEN

Als Jesus an einem Sabbat in das Haus eines führenden Pharisäers zum Essen kam, beobachtete man ihn genau. Da stand auf einmal ein Mann vor ihm, der an Wassersucht litt. Jesus wandte sich an die Gesetzeslehrer und die Pharisäer und fragte: Ist es am Sabbat erlaubt zu heilen oder nicht? Sie schwiegen. Da berührte er den Mann, heilte ihn und ließ ihn gehen. Zu ihnen aber sagte er: Wer von euch wird seinen Sohn oder seinen Ochsen, der in den Brunnen fällt, nicht sofort herausziehen, auch am Sabbat? Darauf konnten sie ihm nichts erwidern. Lukas 14,1-6

Der wahrscheinlich in der zweiten Hälfte des 10. Jahrhunderts entstandene Freskenzyklus aus St. Georg in Oberzell (Insel Reichenau) zum Leben Jesu gilt als die bedeutendste Wandmalerei, die sich aus dieser Zeit nördlich der Alpen erhalten hat. Das Bildprogramm umfaßt insgesamt acht Fresken, die die Wundertätigkeit Jesu zeigen und damit seine überirdische Macht belegen sollen.

Ähnlich wie die Illuminationen in manchen Handschriften der ottonischen Epoche erhielten die Fresken von St. Georg lateinische Tituli, die jeweils auf einem roten Streifen zwischen dem Bild und dem breiten Mäanderband darunter zu lesen sind. Der Text zur Heilung des Wassersüchtigen lautet in deutscher Übersetzung: ‚Ein Wassersüchtiger, der (Jesus) entgegenläuft, wird geheilt. Beladen kommt er hierher, dann kehrt er ohne Last zurück.'

Die Geschichte dieser Wunderheilung ist von einem prächtigen ornamentalen Rahmen umschlossen. Waagerechte Streifen unterteilen den Hintergrund in vier Bereiche. Der unterste symbolisiert mit seiner braunen Farbe den Erdboden, auf dem sich Jesus, der Kranke und ihre

Begleiter begegnen. Auch das Grün darüber gehört noch zur irdischen Welt. Darauf folgt der blaue Bereich, der Luft und Himmel beschreibt. Der oberste gelbliche Streifen schließlich, an den nur einige Dächer heranreichen, verweist auf den Himmel als Sitz Gottes.

Über den beiden mittleren Ebenen erstreckt sich ein zweigeteilter, mit einem Tuch umschlungener Rahmen, der wohl Sinnbild für das Haus des Pharisäers ist, und eine Stadt, die auf hohen Stelzen zu stehen scheint. Die Bauwerke der Menschen beherrschen die Erde und ragen in die Luft.

Der übergroße Jesus tritt, begleitet von seinen Jüngern, auf den Kranken zu. Zwei Männer stützen den ausgemergelten Mann mit dem aufgeblähten Bauch, der nur ein helles Tuch um die Hüften geschlungen trägt. Gemeinsam mit einem dritten Begleiter wendet er sich bittend an Jesus, der ihn durch seine segnende Hand heilt. Jesus berührt den Wassersüchtigen entgegen der biblischen Geschichte aber nicht. Diese vom Künstler geschaffene Distanz steht für die große Ehrfurcht, die dem heilenden Gottessohn vor allem in jener Epoche entgegengebracht wurde.

Bild 28
Die Heilung des Wassersüchtigen
(um 1000)
Wandmalerei
228 x 452 cm
Reichenau-Oberzell, St. Georg, Nordwand

Illumination: Die künstlerische Ausgestaltung einer Handschrift durch Zeichnung oder Malerei.

DIE HEILUNG DES TAUBSTUMMEN

Jesus verließ das Gebiet von Tyros wieder und kam über Sidon an den See von Galiäa, mitten in das Gebiet der Dekapolis. Da brachte man einen Taubstummen zu Jesus und bat ihn, er möge ihn berühren. Er nahm ihn beiseite, von der Menge weg, legte ihm die Finger in die Ohren und berührte dann die Zunge des Mannes mit Speichel; danach blickte er zum Himmel auf, seufzte und sagte zu dem Taubstummen: Effata!, das heißt: Öffne dich! Sogleich öffneten sich seine Ohren, seine Zunge wurde von ihrer Fessel befreit, und er konnte richtig reden.
Jesus verbot ihnen, jemand davon zu erzählen. Doch je mehr er es ihnen verbot, desto mehr machten sie es bekannt. Außer sich vor Staunen sagten sie:
Er hat alles gut gemacht; er macht, daß die Tauben hören und die Stummen sprechen.
Markus 7,31-37

Das Wunder von der Heilung des Taubstummen hat bei den Künstlern und ihren Auftraggebern nur wenig Interesse gefunden und findet sich fast ausschließlich in Bildzyklen zum Leben Jesu.

Zur Pfarrkirche von Müstair siehe auch Bild 3.

Noch älter als der Reichenauer Freskenzyklus sind die karolingischen Fresken aus der Pfarr- und Klosterkirche von Müstair in Graubünden, deren Entdeckung im Jahr 1947 erhebliches Aufsehen erregte. Die um 800 entstandenen Wandgemälde erzählen von David, Jesus und den Aposteln. Das umfangreiche Bildprogramm ist aber nur noch teilweise erhalten. Eines der wenigen noch relativ gut erkennbaren Fresken zeigt das Wunder von der Heilung des Taubstummen.

Eine monumentale Bogenarchitektur gliedert das Wandgemälde, wobei sich die Jünger, Jesus mit dem Kranken und die Zeugen des Wunders unter je einem der drei Bogen befinden. Auch hier ist Jesus größer abgebildet als seine Begleiter, die die Heilung aufmerksam verfolgen. Jesus legt den Finger in den Mund des Stummen, der vor ihm auf die Knie gesunken ist. Die Personen auf der rechten Seite blicken mit vor Staunen weit geöffneten Augen zum Betrachter hin, als wollten sie ihm von der Heilung erzählen, die sie gerade miterleben.

Jesus ist die beherrschende Figur, er setzt mit dem Wunder ein Zeichen und erfüllt so die Prophezeiung des Alten Testaments. Denn in den ‚Verheißungen des messianischen Heils' des Propheten Jesaja (35,5-6) heißt es: „Dann werden die Augen der Blinden geöffnet, auch die Ohren der Tauben sind wieder offen. Dann springt der Lahme wie ein Hirsch, die Zunge des Stummen jauchzt auf". Wenn Jesus diese Wunder vollbringen kann, muß er der erwartete Messias sein. Dies will uns der Text des Evangeliums sagen und auch das Wandbild übermittelt diese Botschaft.

Bild 29
Heilung des Taubstummen
(um 800)
Fresko
Müstair, St. Johann

Dekapolis: (griechisch = ‚Zehn Stadt') Bezeichnet einen Bund von zehn Städten mit vorwiegend hellenistischer Bevölkerung, zu denen auch Gerasa und Damaskus gehörten.

Karolingisch: Die Karolinger waren ein fränkisches Adelsgeschlecht, das nach Karl dem Großen (768-814), seinem bedeutendsten Vertreter, benannt wird. Der fränkische Herrscher förderte in seinem Reich tatkräftig Wissenschaft und Kunst. Unter ihm entwickelte sich der Königshof zu einem kulturellen Zentrum, das an die geistigen und künstlerischen Errungenschaften der Spätantike anzuknüpfen versuchte.

DIE HEILUNG DER SCHWIEGERMUTTER
DES PETRUS

Jesus stand auf, verließ die Synagoge und ging in das Haus des Simon.
Die Schwiegermutter des Simon hatte hohes Fieber, und sie baten ihn, ihr zu helfen.
Er trat zu ihr hin, beugte sich über sie und befahl dem Fieber zu weichen.
Da wich es von ihr, und sie stand sofort auf und sorgte für sie.
Lukas 4,38-39

Diese kurze Episode läßt Rückschlüsse auf die Lebensumstände der Apostel zu. Simon
Petrus war verheiratet, hatte ein Haus und lebte mit seiner Familie in Kafarnaum. Dort
hatte Jesus in der Synagoge gelehrt, bevor er seinen Jünger besuchte.

Zum Egbert- und Hitda-Codex siehe
auch den Informationstext auf Seite 133.
Zum Egbert-Codex siehe die Bilder 32
und 51 und zum Hitda-Codex die Bilder
14 und 37.

Obwohl diese beiden Buchmalereien
ungefähr zur selben Zeit, nämlich um
1000, entstanden sind, veranschaulichen

sie das Heilungswunder an der Schwiegermutter des Apostels Petrus ganz unterschiedlich.

In Bild 30 hat Petrus seine Schwiegermutter vor ein Haus gebracht, das mit einem
Giebel und Säulen geschmückt ist. Vermutlich handelt es sich bei dem Gebäude
um die Synagoge, in der Jesus gerade

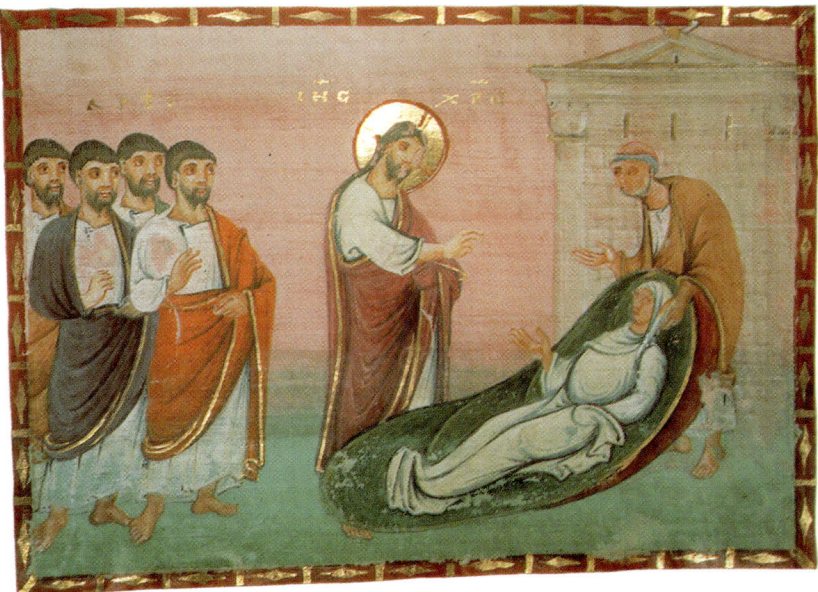

Bild 30
Heilung der
Schwieger-
mutter Petri
(um 977-983)
Egbert-Codex
Trier, Stadt-
bibliothek
Cod. 24
fol. 22v

Bild 31
Heilung der
Schwiegermutter Petri
(um 1020)
Hitda-Codex
Darmstadt
Hessische Landesbibliothek
Hs. 1640, fol. 77r

noch gelehrt hat. Der
besorgte Jünger wendet sich
mit hilfesuchender Geste an
seinen Herrn. Nur das
Gesicht und die Hand der
Kranken, die sie Jesus bittend entgegenstreckt, sind
nicht verhüllt. In der Bildmitte der Miniatur steht der
etwas größer als die anderen
dargestellte Jesus. Gebiete-
risch vertreibt er das Fieber
der Frau. Blicke und Gesten
der vier Apostel hinter ihm
veranschaulichen ihre Funktion als Zeugen des Wunders.

Die Illustration des Hitda-Codex (Bild 31)
unterscheidet sich von der Miniatur aus
dem Egbert-Codex schon allein durch den
auffällig farbenfrohen Hintergrund. Die
Heilung spielt sich vor den Häusern der
Stadt auf einer violett unterlegten Fläche
ab, die das neue, von Christus regierte
Reich symbolisiert. Drei Jünger verfolgen
das Geschehen aus einiger Entfernung.
Sie stehen etwas erhöht auf blauem
Grund vor dem helleren Abschnitt des
Hintergrunds. Vermutlich ist es Petrus, der
mit dem übergroßen bis zum Ellenbogen
entblößten Arm auf das Wunder hinweist,
das Jesus vollbringt, indem er das Handgelenk der kranken Frau umfaßt. Mit
einem Fuß betritt die Schwiegermutter
des Petrus das rote Podest vor Jesu

Thron, denn durch die Heilung gehört ein
Teil von ihr bereits zur göttlichen Sphäre.
Auch dieses Bild wird von der imposan-
ten Erscheinung Jesu beherrscht, dessen
Haupt von einem goldenen Nimbus
umgeben ist.

Während der Egbert-Codex die Fürsorge
des Petrus und die schwere Krankheit seiner Schwiegermutter in den Vordergrund
stellt, zeigt der Hitda-Codex Jesus als
thronenden Heiler, vor den eine einfache
Frau tritt. In beiden Miniaturen soll die
Heilkraft Jesu seine Göttlichkeit bewei-
sen. Besonders der Hitda-Codex betont
dies, während im Egbert-Codex das Mitleid Jesu und sein Wunsch zu helfen stärker hervortreten.

DER HAUPTMANN VON KAFARNAUM

**Als er nach Kafarnaum kam, trat ein Hauptmann an ihn heran und bat ihn:
Herr, mein Diener liegt gelähmt zu Hause und hat große Schmerzen.
Jesus sagte zu ihm: Ich will kommen und ihn gesund machen.
Da antwortete der Hauptmann: Herr, ich bin es nicht wert, daß du mein Haus betrittst;
sprich nur ein Wort, dann wird mein Diener gesund. Auch ich muß Befehlen gehorchen, und ich habe selber Soldaten unter mir; sage ich nun zu einem: Geh!, so geht er,
und zu einem andern: Komm!, so kommt er, und zu meinem Diener: Tu das!,
so tut er es.
Jesus war erstaunt, als er das hörte, und sagte zu denen, die ihm nachfolgten: Amen, das
sage ich euch: Einen solchen Glauben habe ich in Israel noch bei niemand gefunden.
Ich sage euch: Viele werden von Osten und Westen kommen und mit Abraham, Isaak
und Jakob im Himmelreich zu Tisch sitzen; die aber, für die das Reich bestimmt war,
werden hinausgeworfen in die äußerste Finsternis; dort werden sie heulen und mit den
Zähnen knirschen.
Und zum Hauptmann sagte Jesus: Geh! Es soll geschehen, wie du geglaubt hast.
Und in derselben Stunde wurde der Diener gesund.
Matthäus 8,5-13**

Der römische Hauptmann ist als Offizier einer Besatzungstruppe nach Kafarnaum
gekommen. Vom jüdischen Glauben weiß er nicht viel, aber er spürt die Kraft Jesu,
Wunder zu bewirken. Deshalb vertraut er ohne Vorbehalt auf dessen Hilfe für seinen
kranken Diener. Er erkennt auch an, daß Jesus das Haus eines Römers nicht betreten
kann, ohne unrein zu werden.

Die Worte des Hauptmanns sind in leicht abgewandelter Form in die Liturgie der
katholischen Messe und des evangelischen Abendmahls eingegangen. Die Gemeinde
spricht sie als letzte Bitte vor dem Empfang der Kommunion: „Herr, ich bin nicht
würdig, daß du eingehst unter mein Dach; aber sprich nur ein Wort, so wird meine
Seele gesund."

Tonsur: Das Scheren des Haupthaares bei Klerikern und Mönchen als Zeichen der
Buße oder der Trauer, wobei meist ein Haarkranz belassen wurde.
IHS XPC: Abkürzung aus dem Griechischen für Jesus Christus. Dabei ist der abweichende Lautwert der griechischen Buchstaben zu beachten.

Bild 32 **Der Hauptmann von Kafarnaum**
(um 977-993)
Egbert-Codex, Trier, Stadtbibliothek, Cod. 24, fol. 22r

Zum Egbert-Codex siehe auch den Informationstext auf Seite 133 und die Bilder 30 und 51.

Die Miniatur aus dem Egbert-Codex schildert die Begegnung von Jesus und dem Hauptmann ohne ausschmückende Details, und die Gestalten um Jesus zeigen keine individuellen Züge. Wenn die Perikope über dem Hauptmann von Kafarnaum während der Messe verlesen wurde, konnte die Gemeinde die Bibelseite mit der Miniatur von weitem sehen. Für den Blick aus der Ferne reichte die formelhafte Übermittlung des theologischen Inhalts aus.

Die Personen sind mit kleiner Schrift von links als die Apostel (APLE) gekennzeichnet, aus denen sich Petrus (PETR)

durch die grauen Haare und die Tonsur heraushebt. Den Aposteln gegenüber stehen zwei ältere (SENIOR) und dahinter zwei jüngere (IVO) Soldaten. Ihre Kleidung und ihr Schuhwerk verraten die Zugehörigkeit zu einem anderen Volk als dem jüdischen. Unter dem offenen Umhang des Hauptmanns (CENTURIO) wölbt sich ein kleiner Bauchansatz – diese plastische Körperlichkeit geht auf antike Vorbilder zurück. Bittend wendet sich der Mann an Jesus und drückt mit der offenen Hand sein Vertrauen aus.

In der Mitte zeigt der Glanz und Macht ausstrahlende Jesus (IHS XPC) mit dem Zeigefinger auf den Römer, schaut aber über die Schulter zu seinen Jüngern und weist sie auf den ungewöhnlich großen Glauben des heidnischen Offiziers hin.

Zu Paolo Caliari, genannt Veronese siehe auch Bild 13.

Veronese verlegt die Geschichte des Hauptmanns von Kafarnaum in eine herrschaftliche Umgebung und gestaltet sie detailreich aus. Kafarnaum stellt sich dem Betrachter als reiche Stadt dar. Links deuten zwei Marmorsäulen auf einen Kirchen- oder Palasteingang hin. Ein kleiner Durchblick öffnet in der Bildmitte die Sicht auf eine von Säulen getragene Balustrade. Rechts im Hintergrund sind zwei prachtvolle Gebäude zu sehen – vielleicht gehört eines davon dem römischen Hauptmann.

Wohlstand und weltliche Macht des Römers mit dem langen wallenden Bart offenbaren sich durch seine prachtvolle Kleidung und die eindrucksvolle Eskorte. Zwei Soldaten mit reich geschmückten Helmen und Hellebarden verschaffen ihm mit ihren Waffen Platz und ahmen

die kniende Haltung ihres Herrn nach, indem auch sie sich etwas nach vorne beugen. Eine der Hellebarden unterteilt das gesamte Bild in zwei Hälften und markiert so die Grenze zwischen den beiden Welten: der jüdischen mit Jesus und seinen Begleitern einerseits und der heidnischen der römischen Besatzungsmacht andererseits.

In der linken Bildhälfte scharen sich die Jünger um Jesus und wenden sich überrascht dem Hauptmann zu. Jesus, der offensichtlich im Begriff war, in das Gebäude links einzutreten, hält inne. Er wendet sich auf der untersten Treppenstufe um und blickt auf den vor ihm knienden Hauptmann. Mit den beiden Hauptpersonen des Bildes begegnen sich in diesem Augenblick Demut und Gnade. Der reiche und mächtige Hauptmann fleht um Hilfe für seinen kranken Diener. Jesus gewährt ihm die Bitte und lobt sein Beispiel.

Hellebarde: Eine etwa zwei Meter lange Waffe mit einer Stoßklinge an der Spitze. Dahinter sind ein Beil und ein Haken angeordnet.

Bild 33
Der Hauptmann von Kafarnaum vor Christus
(um 1571)
Paolo Caliari, genannt Veronese
(1528-1588)
Öl/Leinwand
178 x 275 cm
Dresden, Galerie der Alten Meister

JESUS UND DIE HEIDNISCHE FRAU

**Von dort zog sich Jesus in das Gebiet von Tyrus und Sidon zurück.
Da kam eine kanaanäische Frau aus jener Gegend zu ihm und rief:
Hab Erbarmen mit mir, Herr, du Sohn Davids! Meine Tochter wird von einem Dämon
gequält. Jesus aber gab ihr keine Antwort. Da traten seine Jünger zu ihm und baten:
Befrei sie (von ihrer Sorge), denn sie schreit hinter uns her.
Er antwortete: Ich bin nur zu den verlorenen Schafen des Hauses Israel gesandt.
Doch die Frau kam, fiel vor ihm nieder und sagte: Herr, hilf mir!
Er erwiderte: Es ist nicht recht, das Brot den Kindern wegzunehmen und den Hunden
vorzuwerfen. Da entgegnete sie: Ja, du hast recht, Herr! Aber selbst die Hunde
bekommen von den Brotresten, die vom Tisch ihrer Herren fallen.
Darauf antwortete ihr Jesus: Frau, dein Glaube ist groß. Was du willst, soll geschehen.
Und von dieser Stunde an war ihre Tochter geheilt.
Matthäus 15,21-28**

Matthäus nennt die heidnische Frau eine Kanaanäerin, Markus bezeichnet sie in seinem
Bericht dieses Heilungswunders als Syrophönizierin (Markus 7, 26). Mit Kanaan ist hier
nicht das den Patriarchen verheißene Land gemeint, sondern Phönizien, dessen Bewohner
sehr unterschiedlichen Völkerschaften angehörten. Zum größten Teil waren sie Heiden.

Der zumeist in Süditalien und zuletzt in
Malta lebende Maler Mattia Preti stellt
das Zusammentreffen von Jesus und der
Frau aus Kanaan vor den Mauern einer
stark befestigten Stadt dar. Unter der
schwarzen Wolkendecke ist die Szenerie
grell beleuchtet, so daß sich die hellen
Flächen scharf von ihrer dunklen Umgebung abheben. Diese Gewitterstimmung
steigert die Dramatik des Gemäldes.

Das von links oben einfallende Licht
erfaßt die zwei Frauen ganz und streift
Jesus mit den beiden Jüngern nur seitlich.
Die junge Mutter aus Kanaan kniet bittend vor Jesus und blickt erwartungsvoll
zu ihm auf. Das Gesicht der älteren Frau
hinter ihr verrät großen Kummer. Es ist
wohl die Mutter der Kanaanäerin, die sich
um ihre Enkeltochter sorgt. Von weitem
nähern sich etwas rechts der Bildmitte
zwei Männer, die wahrscheinlich zu den
Jüngern Jesu gehören. Der in die Ferne
bis zur Stadtmauer reichende Durchblick
trennt optisch die beiden einander

gegenüberstehenden Gruppen, die sich
auch in der Farbgebung unterscheiden:
Links ist der tiefblaue Umhang Jesu
bestimmend, in der Kleidung der zwei
Frauen dominieren Rot und Orange. Der
kleine Hund im Vordergrund erinnert an
das Argument der Kanaanäerin, mit dem
sie Jesus umstimmt.

Die Arme und Hände, die der Künstler
durch die Lichtführung auffallend betont
hat, sind ein wichtiges Element der Kom-
position und geben den entscheidenden
Hinweis zur Deutung des Bildes. Die
Hand Jesu und die des Jüngers, der rechte
Arm der älteren Frau und der linke der
Mutter beschreiben einen Bogen, der mit
dem auf den Hund weisenden Zeigefinger
der Heidin abschließt. In der Mitte dieses
Halbkreises befindet sich die bittend
geöffnete Rechte der knienden Frau.
Damit hat Preti das Anliegen der Mutter
symbolisch ins Zentrum seiner Komposi-
tion gerückt.

Bild 34
Christus und die Kanaanäerin
(um 1659)
Mattia Preti (1613-1699)
Öl/Leinwand, 173 x 140 cm
Stuttgart, Staatsgalerie

JESUS UND DIE AN BLUTUNGEN LEIDENDE FRAU

**(...) Während Jesus auf dem Weg zu ihm [dem Synagogenvorsteher Jaïrus] war, dräng-
ten sich die Menschen um ihn und erdrückten ihn beinahe.
Darunter war eine Frau, die schon seit zwölf Jahren an Blutungen litt und bisher von
niemand geheilt werden konnte.
Sie drängte sich von hinten an ihn heran und berührte den Saum seines Gewandes.
Im gleichen Augenblick kam die Blutung zum Stillstand. Da fragte Jesus:
Wer hat mich berührt? Als alle es abstritten, sagten Petrus und seine Gefährten:
Meister, die Leute drängen sich doch von allen Seiten um dich und erdrücken dich fast.
Jesus erwiderte: Es hat mich jemand berührt; denn ich fühlte, wie eine Kraft von mir
ausströmte. Als die Frau merkte, daß sie es nicht verheimlichen konnte,
kam sie zitternd zu ihm, fiel vor ihm nieder und erzählte vor allen Leuten, warum sie
ihn berührt hatte und wie sie durch die Berührung sofort gesund geworden war.
Da sagte er zu ihr: Meine Tochter, dein Glaube hat dir geholfen. Geh in Frieden!
Lukas 8,42-48**

Im Gegensatz zu allen anderen Heilungen wirkt Jesus hier weder durch Wort noch Tat
auf diese Kranke ein. Er führt das Wunder ihrer Genesung auf die Tiefe und Festigkeit
ihres Glaubens zurück.

Die Bronzesäule in Hildesheim wurde um
1020 von Bischof Bernward, einem
bedeutenden Stifter und Förderer der
Künste, in Auftrag gegeben. Sie ist fast
vier Meter hoch und hat einen Durchmes-
ser von 60 Zentimetern. Ein Reliefband,
das sich spiralförmig um die Säule windet,
zeigt 24 Begebenheiten aus dem Leben
Jesu.

Vorbild für dieses Hildesheimer Kunstwerk war die antike Trajanssäule in Rom,
die Bernward auf einer Italienreise als
Begleiter von Kaiser Otto III. gesehen
hat. Die römische Säule, die etwa aus der
Zeit um 114 stammt, verherrlicht den
Triumph des Kaisers Trajan über seine
Gegner in den Dakerkriegen. Entsprechend läßt Bernward in Hildesheim von
der Größe und der Macht Jesu erzählen
und bevorzugt deshalb bei der Auswahl
der Szenen die Wunderdarstellungen.

Der mittelalterliche Künstler hat sich die
Freiheit genommen, die im Evangeliums-
text beschriebene Situation ein wenig
abzuändern. Statt eines chaotischen
Menschengedränges zeigt er Jesus, der
auf dem Weg zu Jaïrus ist, in einer Unter-
redung mit mehreren Männern, die ihn
wahrscheinlich zur Tochter des Jaïrus
begleiten wollen. Eine Frau hat sich hinter Jesus niedergekniet und berührt seinen Mantel mit ihren Fingerspitzen. Jesus
dreht sich überrascht mitten im Gespräch
um, weil er bemerkt hat, daß eine Kraft
von ihm ausgegangen ist.

Bild 35
**Die Heilung
der an Blutungen
leidenden Frau**
(1015-1022)
Christussäule
Bronze
Hildesheim, Dom

DIE AUFERWECKUNG VON TOTEN

Bereits im jüdischen Glauben gab es Vorstellungen von der Herrschaft Gottes über den Tod. Hieraus entwickelte sich die Hoffnung auf Auferstehung und ein Leben nach dem Tod. Wenn also Jesus den Tod bezwingen konnte, so bewies er damit, daß er von Gott gesandt und der verheißene Messias sei. Die Totenerweckungen sollten, wie die Heilungswunder auch, als Zeichen der mit Jesus anbrechenden neuen Zeit verstanden werden.

Weil sie die Vorstellungskraft der Menschen bei weitem übertreffen, stellen die Totenerweckungen die Höhepunkte der Wunder im Neuen Testament dar. Die Evangelisten erzählen von drei Toten, die Jesus wieder zurück ins Leben rief: die Tochter des Synagogenvorstehers Jaïrus, der junge Mann aus Naïn und Lazarus aus Betanien. Die Auferweckung des Lazarus gilt als das größte aller Wunder Jesu, weil dieser Tote bereits drei Tage im Grab gelegen hatte und nicht wie die beiden anderen erst kurz zuvor verstorben war. Die Erweckung des Lazarus blieb daher bis ins 20. Jahrhundert ein wichtiges Thema in der Kunst.

Bei der Ausschmückung von Katakomben und Sarkophagen spielte dieses Motiv bereits seit dem 3. Jahrhundert eine zentrale Rolle, da die Totenerweckung als Verheißung der Auferstehung gedeutet wurde.

DIE ERWECKUNG DER TOCHTER DES JAÏRUS

Als Jesus (ans andere Ufer) zurückkam, empfingen ihn viele Menschen; sie hatten alle schon auf ihn gewartet. Da kam ein Mann namens Jaïrus, der Synagogenvorsteher war. Er fiel Jesus zu Füßen und bat ihn, in sein Haus zu kommen. Denn sein einziges Kind, ein Mädchen von etwa zwölf Jahren, lag im Sterben. (...)
Während Jesus noch redete, kam einer, der zum Haus des Synagogenvorstehers gehörte, und sagte (zu Jaïrus): Deine Tochter ist gestorben. Bemüh den Meister nicht länger! Jesus hörte es und sagte zu Jaïrus: Sei ohne Furcht; glaube nur, dann wird sie gerettet. Als er in das Haus ging, ließ er niemand mit hinein außer Petrus, Johannes und Jakobus und die Eltern des Mädchens. Alle Leute weinten und klagten über ihren Tod.
Jesus aber sagte: Weint nicht! Sie ist nicht gestorben, sie schläft nur. Da lachten sie ihn aus, weil sie wußten, daß sie tot war. Er aber faßte sie an der Hand und rief: Mädchen, steh auf! Da kehrte das Leben in sie zurück, und sie stand sofort auf. Und er sagte, man solle ihr etwas zu essen geben. Ihre Eltern aber waren außer sich. Doch Jesus verbot ihnen, irgend jemand zu erzählen, was geschehen war.
Lukas 8,40-42 und 49-56

Auf der Lipsanothek aus Brescia ist die Tochter des Synagogenvorstehers ohne ihre Eltern als erwachsene Frau in einer langärmeligen Tunika abgebildet. Hinter ihrer Liege haben sich vier Klageweiber mit langen Gewändern und wallenden Haaren eingefunden, die die Verstorbene bereits betrauern.

Der jugendliche und bartlose Jesus ist typisch für die frühchristliche Kunst, und auch der Griff an das Handgelenk der jungen Frau kehrt als symbolische Geste der Rettung oder Hilfe häufig wieder.

Bei den Darstellungen auf den Schmalfriesen der Lipsanothek handelt es sich um Szenen aus dem Alten Testament, die sich nicht unmittelbar auf die ‚Erweckung der Tochter des Jaïrus‘ beziehen. Oben links ist David im Kampf mit Goliath zu sehen (1.Samuel 16-17), daneben zwei Szenen aus der Geschichte des ungehorsamen Propheten (1.Könige 13,2 und 13,24-30). Der untere Fries zeigt das Festmahl und den Tanz des israelischen Volkes nach der Errichtung des goldenen Kalbes (2.Mose [Exodus] 32,4-6). Rechts und links des Hauptfrieses sind Sinnbilder Christi angebracht: ein lateinisches Kreuz und ein Kandelaber mit brennender Lampe.

Lipsanothek: (griechisch leipsana = Reliquien) Behältnis oder Schrein zur Aufbewahrung von sterblichen Überresten einer heiligen Person oder von heiligen Gegenständen, den Reliquien (lateinisch = das Zurückgelassene). Aufgrund der großen Bedeutung, die den Reliquien im Mittelalter zugemessen wurde, hat man diese Behältnisse, auch Reliquiare genannt, aus kostbarem Material gefertigt und aufwendig gestaltet.

Bild 36
Erweckung der Tochter des Jaïrus
(um 360/70)
Lipsanothek (Detail)
Elfenbeinrelief
Brescia, Museo Civico

DIE AUFERWECKUNG EINES JUNGEN MANNES IN NAÏN

Einige Zeit später ging er in eine Stadt namens Naïn; seine Jünger und eine große
Menschenmenge folgten ihm. Als er in die Nähe des Stadttors kam, trug man gerade
einen Toten heraus. Es war der einzige Sohn seiner Mutter, einer Witwe.
Und viele Leute aus der Stadt begleiteten sie.
Als der Herr die Frau sah, hatte er Mitleid mit ihr und sagte zu ihr: Weine nicht!
Dann ging er zu der Bahre hin und faßte sie an.
Die Träger blieben stehen, und er sagte: Ich befehle dir, junger Mann: Steh auf!
Da richtete sich der Tote auf und begann zu sprechen, *und Jesus gab ihn seiner Mutter
zurück.* Alle wurden von Furcht ergriffen; sie priesen Gott und sagten:
Ein großer Prophet ist unter uns aufgetreten: Gott hat sich seines Volkes angenommen.
Und die Kunde davon verbreitete sich überall in Judäa und im ganzen Gebiet ringsum.
Lukas 7,11-17

Zum Hitda-Codex siehe
auch den Informationstext
Seite 133 und die Bilder 14
und 31.

Obwohl die Buchmalerei
des Hitda-Codex 400 Jahre
vor der Altartafel des ‚Meisters der Darmstädter Passion' entstand, zeigen die
beiden Bilder viele Über-
einstimmungen. Der junge
Tote wird auf einer Bahre
vor die Stadt hinaus getragen. Im Codex ist diese
durch Häuser, Dächer und
Mauerzinnen angedeutet,
auf der Altartafel durch ein
mittelalterliches Stadttor. In

Bild 37
***Auferweckung des Jünglings
zu Naïn***
(um 1020)
Hitda-Codex
Darmstadt
*Hessische Landesbibliothek
Hs. 1640, fol. 115r*

beiden Fällen tritt Jesus von links auf die Menschengruppe zu und hat das Wunder schon bewirkt. Der kindliche junge Mann richtet sich auf, so daß das Leichentuch herunterfällt, in das er gehüllt war.

Es bestehen aber auch bemerkenswerte Unterschiede zwischen den beiden Darstellungen. So ist das Verhältnis Jesu zu den Menschen ganz unterschiedlich charakterisiert. Im Hitda-Codex tritt er allein in großer Gestalt vor den Trauerzug. Sein Nimbus trägt die Inschrift: LUX = Licht. Alle richten den Blick auf ihn, die Witwe fällt vor ihm auf die Knie. Hoch aufgerichtet gibt er seinen Segen. Jesus vollbringt das Wunder ohne körperliche Berührung aus einiger Entfernung, allein durch seine geistige Macht.

gehalten. Er hat es zurückgeschlagen und kehrt wieder in die Welt der Lebenden zurück.

Die spätmittelalterliche Altartafel des ‚Meisters der Darmstädter Passion‘ spricht den Betrachter und seine Gefühle unmittelbarer an als die Buchmalerei. Die Witwe steht hinter der Bahre und wischt sich die Tränen ab. Ihre Augen sind fest auf ihren Sohn gerichtet. Jesus tritt nicht allein zu der Bahre, sondern wird von seinen Jüngern begleitet. Er beugt sich zu dem jungen Mann hinab und erfaßt dessen zum Dank erhobene Hände. So begegnet er den Menschen nicht mehr als der distanzierte Herrscher über Leben und Tod, sondern als ein Mitfühlender, der Trost spendet und Hilfe bringt.

Typisch für die Miniaturen des Hitda-Codex ist die Staffelung des Bildes in mehrere Ebenen. Die Menschen des Trauerzugs stehen auf blaugefärbtem Grund, ihre Kleidung und die Häuser ihrer Stadt stimmen in den Farben überein: Sie gehören ganz zum irdischen Bereich. Das Erweckungswunder ereignet sich vor einem purpurnen Hintergrund. Dieser überirdischen Sphäre ist Jesus durch die Farbe seines Gewandes zugeordnet. Auch das Leichentuch des Jungen ist in diesem Ton

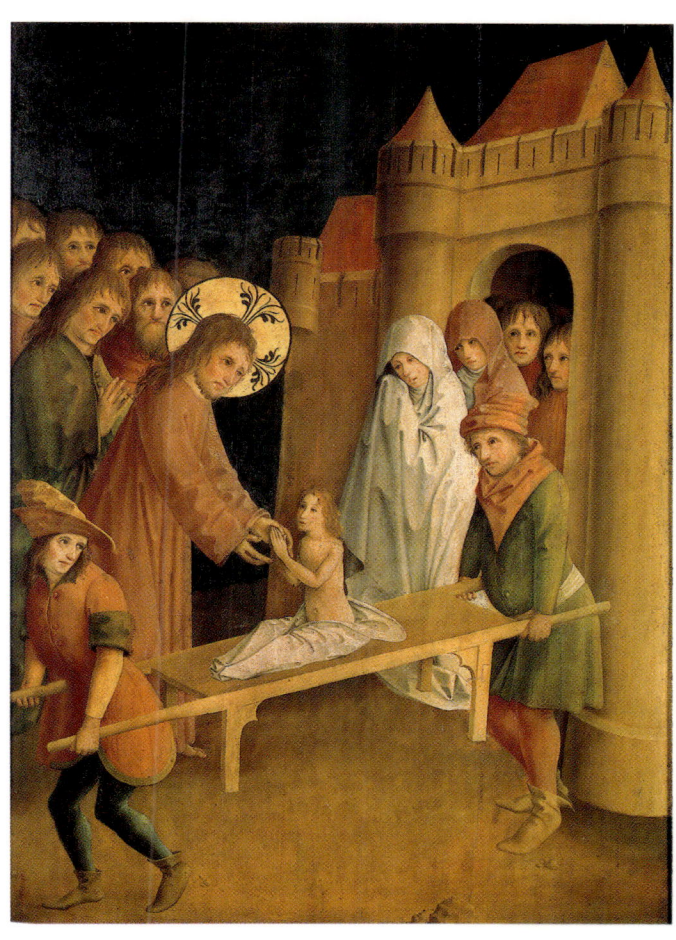

Bild 38
**Auferweckung
des Jünglings zu Naïn**
*Meister der
Darmstädter Passion
(tätig um 1425-1440)
Holz, 95,5 x 70 cm
München, Alte Pinakothek*

DIE AUFERWECKUNG DES LAZARUS

Als Jesus ankam, fand er Lazarus schon vier Tage im Grab liegen. Betanien war nahe bei Jerusalem, etwa fünfzehn Stadien entfernt. Viele Juden waren zu Marta und Maria gekommen, um sie wegen ihres Bruders zu trösten. Als Marta hörte, daß Jesus komme, ging sie ihm entgegen, Maria aber blieb im Haus. Marta sagte zu Jesus: Herr, wärst du hier gewesen, dann wäre mein Bruder nicht gestorben. Aber auch jetzt weiß ich: Alles, worum du Gott bittest, wird Gott dir geben. Jesus sagte zu ihr: Dein Bruder wird auferstehen. (...)
Da wurde Jesus wiederum innerlich erregt und er ging zum Grab. Es war eine Höhle, die mit einem Stein verschlossen war. Jesus sagte: Nehmt den Stein weg! Marta, die Schwester des Verstorbenen, entgegnete ihm: Herr, er riecht aber schon, denn es ist bereits der vierte Tag.
Jesus sagte zu ihr: Habe ich dir nicht gesagt: Wenn du glaubst, wirst du die Herrlichkeit Gottes sehen? Da nahmen sie den Stein weg. Jesus aber erhob seine Augen und sprach: Vater, ich danke dir, daß du mich erhört hast. Ich wußte, daß du mich immer erhörst; aber wegen der Menge, die um mich herum steht, habe ich es gesagt; denn sie sollen glauben, daß du mich gesandt hast. Nachdem er dies gesagt hatte, rief er mit lauter Stimme: Lazarus, komm heraus! Da kam der Verstorbene heraus; seine Füße und Hände waren mit Binden umwickelt, und sein Gesicht war mit einem Schweißtuch verhüllt. Jesus sagte zu ihnen: Löst ihm die Binde und laßt ihn weggehen!
Johannes 11,17-23 und 38-44

Die ‚Auferweckung des Lazarus‘ von Giotto di Bondone gehört zu einem umfangreichen Zyklus, der die Wände der Arena-Kapelle in Padua schmückt. Auftraggeber war Enrico Scrovegni, der im Bereich der ehemaligen römischen Arena einen Palast und eine Hauskapelle errichten ließ. Er berief zur Ausmalung der Kapelle den bereits zu jener Zeit hochgeschätzten Künstler Giotto di Bondone, der als einer der Begründer der italienischen Renaissance in der Malerei gilt.

Giottos besondere Bedeutung liegt darin, daß er die Gefühle der dargestellten Personen auf eine bisher nicht gekannte Art sichtbar machte. In der überwiegend formelhaften Kunst des Mittelalters drückten allein Gesten das Empfinden der Abgebildeten aus, was nach dem damaligen religiösen Verständnis als ausreichend erachtet wurde.

Den Goldgrund, den die meisten seiner Zeitgenossen noch verwendeten, ersetzte Giotto in seinen Bildern durch Gebäude und Landschaften - in diesem Fall durch einen kargen Berg. Ein paar Bäume wachsen auf dem hohen Felsen und ragen in den tiefblauen Himmel.

Rechts im Vordergrund rücken zwei junge Männer die schwere Grabplatte zur Seite. Jesus tritt mit den Aposteln segnend vor die Höhle, in der man Lazarus bestattet hatte. Dieser steht nun vor dem Grab, totenbleich, die Augen noch halb geschlossen und den Körper mit Binden umhüllt. Hinter dem Auferweckten halten sich zwei Personen einen Schleier vor das Gesicht, um sich vor dem Leichengeruch zu schützen. Seine beiden Schwestern Maria und Marta liegen vor Jesus auf den Knien, um ihm dafür zu danken, daß er ihren Bruder ins Leben zurückgeholt hat.

Obwohl alle Anwesenden Zeugen des Wunders an Lazarus geworden sind, halten sich die meisten mit ihren Reaktionen noch zurück. Einer beginnt Lazarus die Binden abzunehmen. Der junge Mann im grünen Gewand weist staunend auf Jesus, und hinter ihm erhebt ein anderer beide Hände zum Himmel - eine Geste des Erschreckens und der Ehrfurcht. Die beiden Personen rechts und links von Lazarus tragen einen Nimbus, doch auch aus dem Bibeltext geht nicht hervor, um wen es sich dabei handeln könnte. Von den Jüngern hinter Jesus unterscheiden

sie sich durch ihre verhüllten Häupter. In diesem Fresko lassen sich sehr gut die Traditionen der byzantinischen Kunst und die Neuerungen Giottos nebeneinander erkennen. Auf den Gesichtern von Jesus und seinen Jüngern, der Schwestern des Lazarus und den Männern, die die Grabplatte wegtragen, zeichnen sich entsprechend der mittelalterlichen Darstellungsweise keine inneren Regungen ab. Dagegen zeigen Mimik und Gestik der Personen um den Auferstandenen herum Schrecken und Staunen und drücken so das Überwältigende des Geschehens aus.

Bild 39 **Erweckung des Lazarus**
(1303/05), Giotto di Bondone (um 1266-1337)
Fresko, ca. 200 x 185 cm, Padua, Arena-Kapelle

Zu Rembrandt siehe auch Bild 15.

Der Maler Vincent van Gogh ging bei seiner ‚Erweckung des Lazarus' sehr frei mit der biblischen Überlieferung um. Er lehnte sich aber in der Gestaltung der Personen stark an eine Radierung Rembrandts zum selben Thema an.

Bei Rembrandt ist Jesus in die Grabeshöhle getreten. Als Überwinder des Todes steht er auf der zur Seite geschobenen Grabplatte und befiehlt Lazarus mit zum Himmel gerichteten Arm, aus dem Grab herauszukommen. Seine Begleiter und der Mann vor der Höhle zeigen mit lebhaften Gesten Überraschung und Schrecken. An der Wand hängt die Ausrüstung des Lazarus, der nach der Legende Soldat gewesen sein soll.

All diese Details hat van Gogh weggelassen und nur einen kleinen Ausschnitt rechts unten von Rembrandt übernommen: Lazarus richtet sich mühsam in seinem Sarg auf, als ob er aus einem tiefen Schlaf erwacht sei. Sein Gesicht ist bleich und er ist noch in die Totengewänder gehüllt. Nur das Tuch, das den Kopf bedeckte, hat ihm seine jüngere Schwester Maria abgenommen, die sehr ergriffen auf seine Rückkehr ins Leben reagiert.

Sie ist zunächst über das Wunder erschrocken, das ihrem Bruder widerfährt, und wirft die Arme nach oben. Ihr Haar ist aufgelöst. Das grüne Kleid hebt sich stark von der hügeligen Landschaft ab, die in das helle Licht der aufgehenden Sonne getaucht ist.

Marta hingegen streckt stumm und fassungslos vor Staunen ihre Hände aus, als sie erkennt, daß ihr Bruder vom Tod erwacht ist. Sie sieht abgearbeitet aus und trägt die Haare zu einem praktischen Knoten hochgesteckt. Ihr gestreiftes Gewand hebt sich nur wenig von dem im Schatten stehenden Felsen ab.

Bild 40
Die Auferweckung
des Lazarus
(um 1632)
Rembrandt Harmensz. van Rijn
(1606-1669)
Radierung
36,6 x 28,5 cm
Amsterdam
Rijksprentenkabinet

Bild 41
Die Erweckung des Lazarus
(1890)
Vincent van Gogh (1853-1890), Öl/Leinwand, 48,5 x 63 cm
Amsterdam, Rijksmuseum Vincent van Gogh

Die unterschiedliche Charakterisierung der beiden Schwestern geht wohl auf den Bericht vom Besuch Jesu bei Maria und Marta zurück (Lukas 10,38-42). Jesus bestärkt Maria darin, untätig seinen Worten zu lauschen, während auf Marta die ganze Hausarbeit lastet.

Befremdlich erscheint sogleich, daß Jesus in dem Bild fehlt. Van Gogh läßt statt dessen eine mächtige tiefgelbe Sonne erstrahlen, die die gesamte Farbigkeit der Natur beherrscht. Fast alle Farben sind mit gelb abgetönt, alles ist vom Licht, von der Sonne durchdrungen. Dadurch kommt sie dem Wesen des Gottessohnes gleich, der über die Naturmächte herrscht.

Van Gogh hatte im Süden Frankreichs Erholung von einer schweren Krise gesucht und gehofft, dort wieder zu Kräften zu kommen. Im auferweckten Lazarus der Rembrandtradierung soll sich der Maler selbst gesehen und dem Auferstandenen deshalb die eigenen Gesichtszüge verliehen haben. Knapp drei Monate, nachdem van Gogh dieses Bild gemalt hatte, starb er an einer Schußverletzung, die er sich selbst beigebracht hatte.

Das Elfenbeinrelief aus Lüttich bildet alle drei in den Evangelien überlieferten Totenerweckungen untereinander ab. Die drei Szenen sind durch Wellenlinien voneinander abgesetzt und weisen die für sie typischen Darstellungsmerkmale der Totenerweckung auf.

Der oberste Bildstreifen zeigt die Erweckung der Tochter des Jaïrus. Durch zwei Arkadenbogen sieht der Betrachter in das Innere des Hauses, das Jesus mit seinen Jüngern betritt. Er blickt konzentriert zur Tochter des Jaïrus hin und geht mit ausgestrecktem Arm und segnender Hand auf sie zu.

Unter dem rechten Bogen lag die Tote auf ihrem Bett. Aber jetzt hat sich die Tochter des Synagogenvorstehers aufgesetzt und richtet ihre ganze Aufmerksamkeit auf den Mann, der sie zu neuem Leben erweckte. Ihre Eltern sind hinter sie an das Kopfende des Bettes getreten.

Im mittleren Bildstreifen wird der Jüngling von Naïn auf einer Bahre vor die Tore der Stadt getragen, wo ihm Jesus mit seinen Jüngern entgegentritt. Die Mutter und die anderen Teilnehmer des Leichenzuges verfolgen verwundert das Geschehen.

Im unteren Feld sitzt Lazarus im offenen Sarkophag, umgeben von seinen Schwestern und Freunden der Familie. Die Frauen wenden sich hilfesuchend an Jesus, der auch hier mit seiner zum Segen erhobenen Hand den Toten ins Leben zurückruft.

Bild 42
Erweckung der Tochter des Jaïrus, des Jünglings zu Naïn und des Lazarus
(1030-1050)
Elfenbeinrelief
17,8 x 11 cm
Lüttich, Schatzkammer der Kathedrale

95

DIE KIRCHE

Für die christliche Kirche, die sich in den Jahrhunderten nach Jesu Tod zu organisieren begann, waren die Berichte von der Aussendung der Jünger durch Jesus und der Schlüsselübergabe an Petrus von besonderer Bedeutung.

An die Aussendung der Jünger schloß sich der Missionsauftrag an. Die Jünger sollten nach Jesu Vorbild Kranke heilen und seine Lehre verkünden. Lange Zeit war die Verbreitung der Lehre Jesu, die Missionierung ganzer Völker, ein wichtiges Anliegen der christlichen Kirche. Dennoch wurde das Thema der Jüngeraussendung zu allen Zeiten nicht besonders häufig dargestellt. Die in diesem Kapitel behandelte Aussendung der Zwölf fand bereits vor Jesu Tod statt. Nach seiner Auferstehung bekräftigte er den Missionsauftrag noch einmal und sandte seine Jünger schließlich in die ganze Welt. Da dieses Buch noch vor Jesu Passion endet, wird der spätere Auftrag an die Jünger hier nicht besprochen.

Durch das Messiasbekenntnis des Petrus und die damit verbundene Schlüsselübergabe erhält Petrus den Vorrang unter den Aposteln. Darauf gründet sich bis heute die Stellung seiner Nachfolger im Amt des römischen Bischofs, der als Papst im Dom über dem Grab Petri residiert. Aufgrund dieser Bedeutung wurde die ‚Schlüsselübergabe' zu einem weit verbreiteten Motiv, das besonders in Zeiten großer Machtfülle der Päpste sehr beliebt war.

DIE AUSSENDUNG DER JÜNGER

Jesus zog durch die benachbarten Dörfer und lehrte.
Er rief die Zwölf zu sich und sandte sie aus, jeweils zwei zusammen.
Er gab ihnen die Vollmacht, die unreinen Geister auszutreiben, und er gebot ihnen,
außer einem Wanderstab nichts auf den Weg mitzunehmen, kein Brot, keine
Vorratstasche, kein Geld im Gürtel, kein zweites Hemd und an den Füßen nur Sanda-
len. Und er sagte zu ihnen: Bleibt in dem Haus, in dem ihr einkehrt, bis ihr den Ort
wieder verlaßt. Wenn man euch aber in einem Ort nicht aufnimmt und euch nicht
hören will, dann geht weiter, und schüttelt den Staub von euren Füßen, zum Zeugnis
gegen sie.
Die Zwölf machten sich auf den Weg und riefen die Menschen zur Umkehr auf.
Sie trieben viele Dämonen aus und salbten viele Kranke mit Öl und heilten sie.
Markus 6,6-13

Jesus hat schon einige Zeit lang in Galiläa Kranke geheilt und seine Auslegung der
Gesetze des Alten Testaments verkündet. Auch in der Synagoge von Nazaret erklärt er
am Sabbat die Schrift, stößt aber gerade in seiner Heimat nur auf Ablehnung (Markus
6,1-6). Dort fällt auch der oft zitierte Satz vom Propheten, der im eigenen Vaterland
nichts gilt. Trotzdem hört Jesus jetzt nicht auf zu predigen und sendet seine Jünger aus,
denen er die gleiche Kraft zum Heilen von Kranken verleiht, wie er sie selbst besitzt.

Zum Evangeliar Ottos III. siehe auch den
Informationstext auf Seite 133 und das
Bild 44.

Trotz seines kurzen Lebens hat Otto III.
(980-1002), der Sohn Ottos II. und der
byzantinischen Prinzessin Theophanu,
sein mittelalterliches Reich zu einer kulturellen Hochblüte geführt. Das für ihn
persönlich angefertigte Evangeliar ist
eines der bedeutendsten und schönsten
Bücher der ottonischen Epoche. Neben
einem berühmten Herrscherporträt und
den Evangelistenbildern enthält es 29
ganzseitige Miniaturen zum Leben Jesu.

Der Kunsthistoriker Hans Jantzen hat
anschaulich ausgedrückt, warum dieser
Handschrift ein besonderer Rang in der
Geschichte der Kunst zusteht: Die Figu-
ren sagten nur durch die ihnen gegebene
Gebärdensprache etwas aus, sie seien
‚Gestalt gewordene Gebärde‘. Gerade aus

dieser Beschränkung heraus erwachse
jedoch die besondere Ausdruckskraft der
Personen. Die im folgenden betrachtete
Miniatur stellt in der oberen Hälfte die
Aussendung der Jünger (Bild 43) und in
der unteren die Schlüsselübergabe an
Petrus (siehe Bild 44) dar. Sie zeigt also
die Ereignisse, die den Missionsauftrag
der Kirche und ihre hierarchische Organisation biblisch begründen.

Jesus steht seinen zwölf dicht zusammen-
gedrängten Jüngern allein gegenüber und
erteilt ihnen den Auftrag, Nichtchristen
das Evangelium zu predigen. Die ausge-
streckte Hand deutet an, daß er zu ihnen
spricht. Die Jünger hören ihm gebannt zu.

Drei Säulen und ein Giebeldach rahmen
die Szene ein. Damit wollte der Künstler
kein wirkliches Gebäude abbilden, es ging
ihm vielmehr um die symbolische Bedeutung dieser Bauteile. Schon in der Antike

*Bild 43 **Aussendung der Jünger** (Ende 10. Jahrhundert)*
Evangeliar Ottos III.
München, Bayerische Staatsbibliothek, Clm. 4453, fol. 60 v, oben

galt die Säule als Sinnbild für Festigkeit und Stärke. Die mittelalterlichen Theologen übertrugen diesen Gedanken auf die Apostel, Propheten und Heiligen als Säulen der geistigen Gemeinschaft der Gläubigen. Die Jünger in der Miniatur sind demnach als Stützen und Träger der Kirche zu verstehen, die ihrerseits als Dach alle Gläubigen unter ihren Schutz nimmt.

Das Alte Testament berichtet von der Ausstattung des Tempels in Jerusalem. Ein Vorhang in den Farben Rot und Blau verbarg demnach den Raum des Allerheiligsten. Dieselben Farben trägt hier der Vorhang in der Miniatur. Er ist aber zur Seite geschlagen, denn das Allerheiligste ist nicht mehr verborgen. Bei dem Gebäude handelt es sich also nicht nur um ein Sinnbild für die Kirche, es ist zugleich ein Symbol für das neue, das christliche Zeitalter.

Allerheiligstes: Raum in der Stiftshütte (2. Mose [Exodus] 26,31-34) - später im Tempel (1. Könige 6,16-19) - den selbst der Hohepriester nur einmal im Jahr betreten durfte. Dort stand die Bundeslade, in der die beiden Tafeln mit den Zehn Geboten aufbewahrt wurden (2. Mose [Exodus] 25,21-22, 1.Könige.,8,9). Über der Bundeslade thronte Gott auf dem Gnadenthron und redete von dort zu Mose (2. Mose [Exodus] 25,22).

DAS MESSIASBEKENNTNIS DES PETRUS UND DIE ANTWORT JESU

Als Jesus in das Gebiet von Cäsarea Philippi kam, fragte er seine Jünger: Für wen halten die Leute den Menschensohn? Sie sagten: Die einen für Johannes den Täufer, andere für Elija, wieder andere für Jeremia oder sonst einen Propheten. Da sagte er zu ihnen: Ihr aber, für wen haltet ihr mich? Simon Petrus antwortete: Du bist der Messias, der Sohn des lebendigen Gottes! Jesus sagte zu ihm: Selig bist du, Simon Barjona; denn nicht Fleisch und Blut haben dir das offenbart, sondern mein Vater im Himmel. Ich aber sage dir: Du bist Petrus, und auf diesen Felsen werde ich meine Kirche bauen, und die Mächte der Unterwelt werden sie nicht überwältigen. Ich werde dir die Schlüssel des Himmelreichs geben; was du auf Erden binden wirst, das wird auch im Himmel gebunden sein, und was du auf Erden lösen wirst, das wird auch im Himmel gelöst sein. Dann befahl er den Jüngern, niemand zu sagen, daß er der Messias sei. Matthäus 16,13-20

Petrus ist der Jünger Jesu, von dem die Evangelien am meisten berichten. Nach dem Johannesevangelium wendet sich Jesus schon bei dessen Berufung mit den Worten an ihn: „Du bist Simon, der Sohn des Johannes, du sollst Kephas heißen" (Johannes 1,42). Die besondere Position Petri festigt sich nach dem Messiasbekenntnis und der anschließenden symbolischen Schlüsselübergabe durch Jesus. Später wird diese Stellung des Petrus auf die Bischöfe von Rom übertragen und so das Fundament für das Papsttum gelegt.

Kephas: Das hebräische Wort entspricht dem griechischem ‚Petros' (= Fels).

Zum Evangeliar Ottos III. siehe auch den Informationstext auf Seite 133 und das Bild 43.

Ebenso wie der Missionsauftrag steht auch die Schlüsselübergabe in Zusammenhang mit der Organisation und dem Auftrag der Kirche. Der im oberen Bildteil so stark betonte Gebäuderahmen fehlt bei der Darstellung der Schlüsselübergabe, weil sich der Missionsauftrag auf die irdische Kirche beschränkt, die Schlüsselgewalt aber nach christlichem

Verständnis unbegrenzt für Erde und Himmel gilt. Die Miniatur setzt die symbolische Geste textgetreu um, zeigt aber nur das Notwendigste: Petrus nimmt in demütiger Haltung und mit verhüllten Händen von Jesus den großen Himmelsschlüssel entgegen.

Kaiser Otto III., der Auftraggeber des Evangeliars, sah seine eigene Regentschaft als eine von Gott gegebene Aufgabe und sich selbst als ‚Servus (= Diener) Jesu Christi'. Für den Kaiser war das

Bild 44
Schlüsselübergabe
(Ende 10. Jahrhundert)
Evangeliar Ottos III.
München, Bayerische Staatsbibliothek
Clm. 4453, fol. 60 v, unten

monarchische Herrschertum eng mit der irdischen Herrschaft Christi verknüpft. Er setzte die Bischöfe ein, die mit großen weltlichen Machtbefugnissen ausgestattet waren und weite Teile des Reiches verwalteten. Die Kirchenmänner sorgten dann auch für die Mission der vom Kaiser unterworfenen Gebiete.

Das Papsttum, das sich in der Nachfolge Petri sieht und als Stellvertretung Christi auf Erden begreift, war zur Zeit der Ottonen stark und gefestigt, aber der weltlichen Herrschaft untergeordnet. Der Papst focht diese Autorität erst später an. Der Streit zwischen Kaiser und Papst um den Vorrang erreichte 1077 mit dem Gang Heinrichs IV. nach Canossa seinen Höhepunkt.

Für Otto III. gab es deshalb keinen Grund, in seinem Evangeliar nicht auch die Bibelstelle durch ein Bild hervorheben zu lassen, bei der Petrus mit der Schlüsselübergabe eine einzigartige Macht übertragen wird.

Zur Sixtinischen Kapelle siehe den Informationstext auf Seite 134 und die Bilder 9 und 10.

Die ‚Schlüsselübergabe' ist das dritte Fresko aus der Sixtinischen Kapelle, das hier besprochen wird. Perugino erhielt um 1480 von Papst Sixtus IV. den Auftrag, das Wandbild mit dem wichtigsten Thema des gesamten Bildprogramms der Sixtina zu gestalten: die Geschichte vom Ursprung des Papsttums. Es nimmt unter den sechs Fresken zum Neuen Testament aufgrund seiner chronologischen Anordnung allerdings keine zentrale Position ein.

Der italienische Künstler läßt das Ereignis der Schlüsselübergabe auf einem weiten, durch die Bauwerke im Bildhintergrund begrenzten Platz stattfinden. Die gesamte Anlage erweckt den Eindruck einer riesigen Theaterkulisse. In der Mitte erhebt sich ein Zentralbau mit vier überdachten Portalen und einer Kuppel. Er soll an den von König Salomo erbauten Tempel erinnern. Auf beiden Seiten schließt sich je ein Triumphbogen im antik-römischen Stil an, deren lateinische Inschriften Papst Sixtus als den zweiten Salomon rühmen. Dazwischen öffnet sich der Blick auf eine Hügellandschaft mit Bäumen.

Zwei Begebenheiten aus Jesu Leben spielen sich im Mittelgrund vor den Gebäuden ab. Links versuchen die Gegner Jesu – darunter schwer gerüstete Soldaten – dem Gottessohn mit der Frage, ob es erlaubt sei, dem Kaiser die Steuer zu bezahlen (Matthäus 22,15-22), eine Falle zu stellen. Jesus zeigt auf die Münze mit dem Antlitz des Kaisers, die sie ihm vorhalten, und antwortet: „So gebt dem Kaiser, was dem Kaiser gehört, und Gott, was Gott gehört!". Damit beschreibt Jesus sein Verhältnis zur weltlichen Gewalt: Er erkennt sie an, und verweist darauf, daß die Macht Gottes davon nicht betroffen ist.

Rechts von dieser Szene versucht eine aufgebrachte Menge, Jesus nach einem Streitgespräch zu steinigen (Johannes 10,22-39). Er hat sich als der Messias bezeichnet und erstmals sein Selbstverständnis offenbart, das letztlich die Pharisäer veranlassen wird, von Pilatus seinen Tod am Kreuz zu fordern.

Auf diese beiden Ereignisse – nicht auf das Hauptmotiv mit der Schlüsselübergabe - bezieht sich der Titulus des Wandgemäldes: ‚Die Ablehnung Jesu als Überbringer des Evangeliums'.

Ganz im Vordergrund überreicht Jesus dem demütig knienden Petrus den Bund mit den zwei Himmelsschlüsseln. Rechts und links davon werden die Jünger in

langen Gewändern und einige Bürger in zeitgenössischer Kleidung Zeugen dieser Szene. Hinter den individuell gestalteten Gesichtern verbergen sich Würdenträger des Vatikans zur Zeit Sixtus IV. und der Künstler selbst: Er ist in dem fünften von rechts mit schwarzer Kopfbedeckung zu erkennen.

Mit vielerlei Gebärden drücken die Umstehenden ihre Anteilnahme an diesem Geschehen aus. Eine besondere innere Bewegtheit spricht aus den Gesten der Jünger, die Jesus und Petrus am nächsten sind. Bei den beiden älteren Männern hinter Jesus handelt es sich vermutlich um Andreas, den Bruder von Petrus, und um Jakobus den Älteren. Hinter Petrus steht der jugendliche Johannes mit

gefalteten Händen. Diese vier hatte Jesus als seine ersten Jünger berufen. Etwas weiter von ihnen entfernt blickt Judas, vierter von links, der Jesus später für 30 Silberlinge verraten wird, düster vor sich hin und greift in seinen Geldbeutel.

Bild 45
Christus übergibt Petrus
die Schlüssel zum Himmelreich
(1482)
Pietro Vannucci
genannt Perugino
(um 1445/48-1523)
Fresko
ca. 340 x 550 cm
Rom, Sixtinische Kapelle

Mit dem Bau des Xantener Doms wurde 1190 begonnen; vollendet war er jedoch erst im Jahr 1530. Der Dom ist dem Heiligen Viktor geweiht und beherbergt 20 Altäre. Unter ihnen befindet sich auch der barocke Petrusaltar.

Der prächtige, durch gedrehte Säulen, Girlanden und andere Schmuckelemente gegliederte Aufbau dieses Altars bildet mit dem großen Gemälde und dem kleinen ovalen Bild darüber eine harmonische Einheit. Damit hat der unbekannte Meister ein Gesamtkunstwerk geschaffen, wie es den Vorstellungen des Barockzeitalters entsprach.

Von der kleinen Altartafel blicken der segnende Gottvater und die Taube, das Symbol für den Heiligen Geist, herab. Das große, oben mit einem Bogen abschließende Altarblatt zeigt die wichtigste Begebenheit im Leben Petri: die Schlüsselübergabe. Der Maler hat sich bei seiner Gestaltung des Themas eng an ein Gemälde von Peter Paul Rubens angelehnt, das im Besitz der Berliner Gemäldegalerie ist.

Die Jünger wohnen dem Ereignis der Schlüsselübergabe bei und kommentieren es durch ihre Gesten. Der linke Arm Jesu, der auf Gott im oberen Bild deutet, drückt die vom Vater erhaltene Vollmacht Jesu aus, Petrus als seinen Stellvertreter auf Erden zu bestimmen. Mit ausgestrecktem Arm überreicht er Petrus die beiden Schlüssel – Symbole seiner irdischen und himmlischen Macht.

Die von seinem roten Gewand nur locker verhüllte Nacktheit Jesu ist hier Zeichen seiner Göttlichkeit. Damit knüpft der Künstler aber nicht an christliche Vorstellungen an, sondern bezieht sich auf das antike Ideal des Göttlichen. Danach kann sich dieses auch in einem makellos geformten Körper ausdrücken.

Wie in Peruginos Fresko kniet Petrus in einigem Abstand vor Jesus. Er nimmt mit der Rechten den goldenen Schlüssel entgegen, während der silberne nach unten hängt. Im Unterschied aber zur gemessenen Gestik des Renaissancebildes aus der Sixtinischen Kapelle wendet sich Petrus hier tief ergriffen und zugleich fragend an Jesus. Er zeigt seine Bewegtheit und sein Erstaunen darüber, eine so wichtige Aufgabe zu erhalten. Dieser offene und pathetische Gefühlsausdruck ist - wie der aufwendige Altaraufbau mit seinen Schmuckelementen - ein wesentliches Merkmal des Barock.

Bild 46
Petrusaltar mit Gemälde
‚Christus überreicht
Petrus die Schlüssel‘
(um 1680)
Altar: Eichenholz
Altarblatt: Öl/Leinwand
Außenmaße 582 x 273 cm
Xanten, Dom St.Viktor

DER SOHN GOTTES

Bei den Ereignissen, die im letzten Kapitel dieses Bandes geschildert werden, offenbart sich Jesus als Sohn Gottes, der stellvertretend die Leiden der Menschen auf sich nehmen wird. Es sind die beiden Speisewunder Jesu: die Hochzeit zu Kana und die Speisung der Fünftausend, daneben die Verklärung, die versuchte Steinigung Jesu, seine Salbung durch eine Frau sowie der Einzug in Jerusalem. Bis auf die versuchte Steinigung waren alle diese Themen beliebte Motive der Kunst.

Dabei verstanden die Gläubigen die Hochzeit zu Kana und die Speisung der Fünftausend nicht nur als Wundertaten Jesu, sondern auch als Vorausdeutungen der Wandlung von Brot und Wein beim Abendmahl. Deshalb finden sich diese beiden biblischen Ereignisse besonders häufig auf Altartafeln.

Die Verklärung Jesu wurde in der Ostkirche als hohes kirchliches Fest gefeiert. Dies erklärt auch die Häufung des Motivs in der Ikonenmalerei, die hier mit einem Beispiel vertreten ist.

Eine große Bandbreite von Interpretationsmöglichkeiten bot sich den Künstlern bei der Gestaltung der Salbung Jesu durch eine Frau. Aus der Vielzahl von Werken wurden zwei Bilder ausgewählt, die den unterschiedlichen Entwicklungsstand der Malerei in Deutschland und Italien um 1400 veranschaulichen.

DIE HOCHZEIT ZU KANA

Am dritten Tag fand in Kana in Galiläa eine Hochzeit statt, und die Mutter Jesu war dabei. Auch Jesus und seine Jünger waren zur Hochzeit eingeladen. Als der Wein ausging, sagte die Mutter Jesu zu ihm: Sie haben keinen Wein mehr.
Jesus erwiderte ihr: Was willst du von mir, Frau? Meine Stunde ist noch nicht gekommen. Seine Mutter sagte zu den Dienern: Was er euch sagt, das tut!
Es standen dort sechs steinerne Wasserkrüge, wie es der Reinigungsvorschrift der Juden entsprach; jeder faßte ungefähr hundert Liter. Jesus sagte zu den Dienern: Füllt die Krüge mit Wasser! Und sie füllten sie bis zum Rand.
Er sagte zu ihnen: Schöpft jetzt, und bringt es dem, der für das Festmahl verantwortlich ist. Sie brachten es ihm. Er kostete das Wasser, das zu Wein geworden war. Er wußte nicht, woher der Wein kam; die Diener aber, die das Wasser geschöpft hatten, wußten es. Da ließ er den Bräutigam rufen und sagte zu ihm: Jeder setzt zuerst den guten Wein vor und erst, wenn die Gäste zuviel getrunken haben, den weniger guten. Du jedoch hast den guten Wein bis jetzt zurückgehalten. So tat Jesus sein erstes Zeichen, in Kana in Galiläa, und offenbarte seine Herrlichkeit, und seine Jünger glaubten an ihn.
Johannes 2,1-11

Bei der Hochzeit zu Kana vollbringt Jesus sein erstes Wunder. Die Kirchenväter verstanden die Verwandlung des Wassers in Wein wie die Speisung der Fünftausend als symbolische Vorwegnahme der Eucharistie.

> Eucharistie:
> (griechisch = Danksagung) Das von Jesus bei seinem letzten gemeinsamen Mahl mit den Jüngern eingesetzte Sakrament des Abendmahls.

Bild 47
Die Hochzeit zu Kana
(um 1130)
linkes Bildfeld: Maria und Jünger
Holzdecke
Zillis/Graubünden
St. Martin

In den ersten Darstellungen der Hochzeit zu Kana aus dem 4. Jahrhundert vollzieht Jesus lediglich die Wandlung von Wasser zu Wein. Oft ist er allein mit den sechs Krügen abgebildet, manchmal treten noch der Speisemeister und Maria hinzu. Ab dem 9. Jahrhundert erscheint in der karolingischen und byzantinischen Kunst auch das Hochzeitsmahl. Seit dem späten Mittelalter tritt das Wunder zugunsten einer reich ausgeschmückten Schilderung des Hochzeitsmahls dann immer mehr in den Hintergrund.

In Zillis/Graubünden ist noch eine bemalte Holzkassettendecke aus romanischer Zeit zu sehen, die unter anderem auch die ‚Hochzeit zu Kana‘ zeigt. Sie gilt als die älteste in Europa, die nahezu vollständig erhalten blieb. Sie besteht aus 17 Reihen mit je neun fast quadratischen Feldern. Die Tafeln am Rand bilden Schiffsszenen ab, personifizierte Winde und bedrohliche Meerwesen. Diese Meereslandschaft läßt sich als das Chaos deu-

ten, das die festgefügte Welt des Christentums umgibt. Die inneren Bildtafeln enthalten einen Zyklus zum Leben und zur Passion Jesu. In der letzten Reihe sind noch einige Szenen aus dem Leben des Kirchenpatrons, des heiligen Martin, angefügt.

Die beiden Tafeln von Zillis mit der ‚Hochzeit zu Kana‘ halten sich an die ältere Gestaltungsweise und zeigen kein Hochzeitsbankett. Der unbekannte Künstler hat die Geschichte auf zwei nebeneinander liegenden Feldern dargestellt. Im linken Bild treten Maria und die Jünger heran und bezeugen mit der formelhaften Geste der erhobenen Hände das Ereignis. Ihre Gegenwart erschien dem Maler ebenso wichtig wie das Wunder, das Jesus auf der rechten Seite vollbringt. Dort werden die bauchigen Krüge in der Mitte gerade mit Wasser gefüllt. Jesus, der die jugendlichen Helfer überragt, hält eine kleine Schriftrolle in der einen Hand, die ihn als das ‚Fleisch

gewordene Wort‘ Gottes charakterisiert, und segnet mit der anderen das Wasser in den Krügen.

Der Maler lädt den Betrachter dazu ein, sich wie Maria und die Jünger als Zeuge des Wunders zu begreifen.

Bild 48
Die Hochzeit zu Kana
(um 1130)
Rechtes Bildfeld: Jesus
verwandelt Wasser
in Wein
Holzdecke
Zillis/Graubünden
St. Martin

Zum Altar in St. Wolfgang/Abersee siehe auch die Bilder 52 und 56.

Der Altar von St. Wolfgang im Salzkammergut gilt als Hauptwerk des Malers und Bildschnitzers Michael Pacher. Er ist zugleich das einzige seiner Werke, das seit der Fertigstellung 1481 unverändert am ursprünglichen Bestimmungsort verblieben ist.

Der Altar, der früher fest in den Ablauf des Kirchenjahres eingebunden war, zeigte werktags vier Begebenheiten aus dem Leben des Heiligen Wolfgang. Wenn an Sonntagen die äußeren Flügel aufgeklappt wurden, erschienen acht Bildfelder mit Szenen aus dem Leben Jesu, zu denen auch die ‚Hochzeit zu Kana‘ gehört. Waren an hohen Feiertagen auch die inneren Flügel geöffnet, erblickten die Betrachter im Mittelschrein eine geschnitzte ‚Krönung Mariens‘ und auf den Flügeln Szenen aus dem Marienleben. Heute wird diese strenge Ordnung beim Schließen und Öffnen des Altars nicht mehr eingehalten.

Die Gastgeber der Hochzeitsgesellschaft sind keine armen Leute. Zu ihrem Anwesen gehört ein Hinterhaus und der zwischen den Gebäuden gelegene kleine Hof. Von dort eilt ein Diener mit einem Krug die Treppe zum Speisemeister hinauf. Die Hochzeitsfeier findet in einem durch offene Arkaden abgetrennten holzgedeckten Raum statt. Die Jünger mit ihren scheibenförmigen goldenen Nimben verdecken den Blick auf die Festtafel und das Brautpaar. Der weißhaarige, bärtige Petrus ist aufgesprungen und starrt auf die Wasserkrüge. Noch ein zweiter hat sich von der Tafel erhoben und umgewandt, wahrscheinlich ist es der junge Johannes.

Die Verwandlung des Wassers findet in einem geräumigen Hausflur statt. Sein an eine Kirche erinnerndes Gewölbe gibt dem Geschehen einen sakralen Rahmen. Jesus trägt hier wie auf allen acht Altargemälden der Sonntagsseite ein schlichtes braunes Gewand. Er ist barfuß und etwas größer abgebildet als die anderen Personen. Jesus segnet die Krüge genau so, wie der Pfarrer beim Abendmahl den Kelch segnet. Seine Mutter und eine Dienerin, die Maria fragend anblickt, stehen bei ihm.

*Bild 49 **Die Hochzeit zu Kana** (vollendet 1481)*
Michael Pacher (um 1435-1498)
Altarflügel, Öl/Holz, 175 x 130 cm, St. Wolfgang/Abersee

Der flämische Maler Marten de Vos verbrachte nach seiner Ausbildung mehrere
Jahre in Italien, wo er die Städte Florenz,
Rom und Venedig und ihre Kunst ken-
nenlernte. Nach seiner Rückkehr hat sich
de Vos in Antwerpen als Künstler Einfluß
und Ansehen erworben. Er besaß eine
große Werkstatt und war zeitweise Dekan
der dortigen Malerzunft.

Im Juni 1596 erhielt der Maler von der
Gilde der Weinhändler den Auftrag, ein
Bild von der Hochzeit zu Kana zu malen.
Der Gilde gehörte in der Antwerpener
Kathedrale eine eigene Kapelle, in der sie
das Gemälde ein Jahr später auf dem
Altar aufstellen ließ.

An einer reich gedeckten Tafel sitzt das
junge Paar vor einem kostbaren Wandtep-
pich. Die Braut ist in Weiß und Gold
gekleidet und trägt eine Krone, der Bräutigam einen Lorbeerkranz. Um den Tisch
herum haben sich vornehme Gäste versammelt. Viele sind in ein Gespräch vertieft, andere werden jedoch ungeduldig
und verlangen nach Wein. Von einer
Tribüne herab begleiten drei Lautenspie-
ler und ein singender Knabe das Fest mit
Musik. Darunter stehen auf einem Tisch
kostbare Schalen und Vasen, wohl die
Hochzeitsgeschenke.

Zwei Personen, die sich von den anderen
Gästen durch ihre schlichte Kleidung
unterscheiden, haben sich ganz von der
Tafel abgewandt: Jesus und seine Mutter.
Mit der Farbe ihrer Gewänder weist der
Maler bereits weit in die Zukunft. Maria
trägt das Blau der Himmelskönigin und
Jesus einen roten Mantel, der hier, wie auf
den Bildern zu Passion und Auferstehung,
sein Leiden und sein vergossenes Blut
symbolisiert.

Marten de Vos läßt dem Wunder im Bild-
vordergrund großen Raum. In die sechs
reich verzierten Krüge schüttet ein junger
Diener Wasser. Jesus deutet mit knapper

Geste auf einen Krug, während Maria aus
dem Bild herausblickt und den Zeigefinger erhoben hat - vermutlich ist dies als
Anweisung an die Diener zu verstehen.
Nur einer der Gäste hat etwas bemerkt:
Hinter der nahezu im Bildzentrum sitzen-
den Frau, die mit ihrem Blick den
Betrachter streift, schaut ein bärtiger älterer Herr prüfend auf Jesus und die Krüge.

Während in Pachers Altarbild fast alle
Personen einen Bezug zum Wunder
haben, nehmen bei Marten de Vos viele
der Gäste nichts davon wahr. Außerdem
wird der Betrachter hier durch das fest-
liche Treiben zunächst von der Kernaussage des Bildes abgelenkt. Um aber dennoch die Verwandlung des Wassers zu
betonen, stellt der Künstler Jesus und die
Krüge in den Vordergrund. So zeigt sich,
daß de Vos eine Verweltlichung des Themas nicht beabsichtigt hat.

Bild 50
Die Hochzeit zu Kana
(1596/97)
Marten de Vos
(1531-1603)
Öl/Holz
268 x 235 cm
Antwerpen
Kathedrale Notre-Dame

DIE SPEISUNG DER FÜNFTAUSEND

Als Jesus all das hörte [In den Versen Matthäus 14,3-12 wird von der Hinrichtung Johannes des Täufers berichtet], fuhr er mit dem Boot in eine einsame Gegend, um allein zu sein. Aber die Leute in den Städten hörten davon und gingen ihm zu Fuß nach. Als er ausstieg und die vielen Menschen sah, hatte er Mitleid mit ihnen und heilte die Kranken, die bei ihnen waren.
Als es Abend wurde, kamen die Jünger zu ihm und sagten:
Der Ort ist abgelegen, und es ist schon spät geworden. Schick doch die Menschen weg, damit sie in die Dörfer gehen und sich etwas zu essen kaufen können.
Jesus antwortete: Sie brauchen nicht wegzugehen. Gebt ihr ihnen zu essen!
Sie sagten zu ihm: Wir haben nur fünf Brote und zwei Fische bei uns.
Darauf antwortete er: Bringt sie her!
Dann ordnete er an, die Leute sollten sich ins Gras setzen. Und er nahm die fünf Brote und die zwei Fische, blickte zum Himmel auf, sprach den Lobpreis, brach die Brote und gab sie den Jüngern; die Jünger aber gaben sie den Leuten, und alle aßen und wurden satt. Als die Jünger die übriggebliebenen Brotstücke einsammelten, wurden zwölf Körbe voll.
Es waren etwa fünftausend Männer, die an dem Mahl teilnahmen, dazu noch Frauen und Kinder.
Matthäus 14,13-21

Von Jesu Brotvermehrung erzählen alle vier Evangelisten. Neben der hier geschilderten Speisung berichten Matthäus und Markus noch von einer weiteren, bei der 4000 Menschen satt wurden (Matthäus 15,32-39 und Markus 8,1-10).

Zunächst beschränken sich die Künstler in ihren Werken auf die Darstellung der fünf Brote, der zwei Fische und der Körbe mit dem übrigen Brot. Das Wunder selbst zeigen sie nicht. Seit dem 4. Jahrhundert segnet Jesus in den Bildern zur Speisung der Fünftausend das Brot und die Fische. Manchmal steht er dabei dem Betrachter zugewandt zwischen den Jüngern, die ihm die Speisen darreichen. Die ottonische Buchmalerei greift auf diesen symmetrischen Bildaufbau zurück. Die ‚Brotvermehrung' erscheint in dieser Zeit noch häufig, im Hochmittelalter dann jedoch immer seltener. Seit Ende des 15. Jahrhunderts gehen die Künstler oftmals dazu über, verschiedene Szenen der biblischen Geschichten in einer weiten Landschaft nebeneinander abzubilden.

Bild 51
Die Speisung der Fünftausend
(um 977-993)
Egbert-Codex
Trier, Stadtbibliothek Cod. 24, fol. 47v

Zum Egbert-Codex siehe auch den Informationstext auf Seite 133 und die Bilder 30 und 32.

Der Egbert-Codex zeigt das Wunder in der einfachen symmetrischen Bildkomposition, die für die ottonische Epoche typisch ist. Jesus steht mit einem großen goldenen Kreuznimbus in der Bildmitte und berührt mit seinen Händen segnend die Brote, die ihm zwei Jünger reichen. Rechts und links sitzt das Volk, das kleiner als die drei Hauptpersonen wiedergegeben ist, da ihm geringere Bedeutung zukommt. Neben der Abkürzung IHC XPC für Jesus Christus finden sich über den Häuptern der Dargestellten die lateinischen Wörter APO-STOLI und TURBAE. Sie sind mit Apostel und Menge oder Volk zu übersetzen.

Die Ausgewogenheit des Bildaufbaus mit Jesus in der Mitte und die gebeugte Haltung der Apostel geben dem Bild einen feierlichen Charakter. Die beiden Jünger verneigen sich leicht und halten ehrfurchtsvoll das Brot mit verhüllten Händen. Nur Jesus berührt das heilige Brot mit bloßen Händen und stellt so einen engen Bezug zwischen sich und dem Brot her. Damit wird auf einprägsame Weise die enge gedankliche Verknüpfung der Speisung der Fünftausend mit der Abendmahlsfeier der Gläubigen ausgedrückt.

Zum Altar in St. Wolfgang/Abersee siehe auch die Bilder 49 und 56.

Vor einer flachen Landschaft, aus der bizarre Felsen steil aufragen, haben sich zwei Personengruppen um Jesus versammelt. Links stehen seine Jünger und rechts hinter ihm wartet eine Menschenmenge, die im Verhältnis kleiner abgebildet ist . Die meisten der Dargestellten verharren in ratlosen Gesten. Sie ahnen noch nichts von dem bevorstehenden Wunder. Einige tragen die wunderlichsten Hüte. Nur zwei Männer haben sich Jesus erwartungsvoll zugewandt.

Unter den Bäumen führt der rotgekleidete Andreas einen blonden Jungen zu Jesus. Pacher stützt sich dabei auf das Johannes-Evangelium (6,5-13). Dort berichtet der Evangelist von einem Knaben, der fünf Brote und zwei Fische bei sich trug. Angesichts der geringen Menge an Nahrungsmitteln sagte Philippus skeptisch zu Jesus: „Brot für 200 Denare reicht nicht aus, wenn jeder von ihnen auch nur ein kleines Stück bekommen soll". Im Bild hält er eines der Brote in der Hand, beugt sich tief über den Beutel des Jungen und greift nach einem der Fische. Hinter ihm blickt auch Petrus auf den Burschen. Der junge Johannes, der zur Zeit Pachers, Mitte des 15. Jahrhunderts, meist noch mit dem Evangelisten Johannes gleichgesetzt wurde, interessiert sich nicht für die irdischen Speisen und schaut gedankenverloren in die Ferne.

Einen direkten Hinweis auf den Bezug zwischen Brotvermehrung und Eucharistie gibt das Lamm rechts im Vordergrund des Bildes, das die Passion Jesu symbolisiert.

*Bild 52 **Wunderbare Brotvermehrung** (vollendet 1481)*
Michael Pacher (um 1435-1498)
Altarflügel, Öl/Holz, 175 x 130 cm
St.Wolfgang/Abersee

DIE VERKLÄRUNG JESU

Sechs Tage danach nahm Jesus Petrus, Jakobus und dessen Bruder Johannes beiseite und führte sie auf einen hohen Berg. Und er wurde vor ihren Augen verwandelt; sein Gesicht leuchtete wie die Sonne, und seine Kleider wurden blendend weiß wie das Licht. Da erschienen plötzlich vor ihren Augen Mose und Elija und redeten mit Jesus. Und Petrus sagte zu ihm: Herr, es ist gut, daß wir hier sind. Wenn du willst, werde ich hier drei Hütten bauen, eine für dich, eine für Mose und eine für Elija.
Noch während er redete, warf eine leuchtende Wolke ihren Schatten auf sie, und aus der Wolke rief eine Stimme: Das ist *mein geliebter Sohn, an dem ich Gefallen gefunden habe; auf ihn sollt ihr hören.* Als die Jünger das hörten, bekamen sie große Angst und warfen sich mit dem Gesicht zu Boden.
Da trat Jesus zu ihnen, faßte sie an und sagte: Steht auf, habt keine Angst!
Und als sie aufblickten, sahen sie nur noch Jesus.
Während sie den Berg hinabstiegen, gebot ihnen Jesus: Erzählt niemand von dem, was ihr gesehen habt, bis der Menschensohn von den Toten auferstanden ist.
Matthäus 17,1-9

Die Verklärung Christi gehört in der Ostkirche zu den zwölf höchsten Kirchenfesten und wird bereits seit dem 6. Jahrhundert gefeiert. Damals entwickelten sich zwei unterschiedliche künstlerische Ausprägungen des Verklärungsmotivs. Das Apsismosaik von Sant' Apollinare in Classe zeigt anstelle von Jesus das Symbol des Kreuzes und betont so seine göttliche Natur. In der russischen Ikone (Bild 54) hat sich dagegen die andere Variante der ‚Verklärung Christi‘ erhalten. Sie bildet Jesus als von gleißendem Licht umstrahlten Menschen ab. Diese Art der Gestaltung des Themas wurde über Generationen hinweg beibehalten.

Mit dem Bau von Sant' Apollinare in Classe wurde im ersten Drittel des 6. Jahrhunderts begonnen. 549 weihte Bischof Maximian, der große Förderer des Kirchenbaus in Ravenna, das Gotteshaus dem heiligen Apollinaris. Der Legende nach soll Apollinaris, noch ein Jünger des Apostels Petrus gewesen sein. Tatsächlich lebte der erste Bischof von Ravenna aber erst um 200. Über seinem Grab erhebt sich Sant' Apollinare in Classe, das etwa fünf Kilometer von Ravenna entfernt liegt. Die Basilika ist noch weitgehend in ihrem ursprünglichen Zustand erhalten und beherbergt eines der ältesten Kunstwerke, das die Verklärung Jesu zeigt. Im unteren Bereich des Apsismosaiks steht St. Apollinaris mit ausgebreiteten Armen und nach oben geöffneten Händen. In einer paradiesisch anmutenden Landschaft mit kleinen Felsen, Bäumen, Blumen und Vögeln kommen von beiden Seiten jeweils sechs Lämmer als Symbol für die Schar der Jünger auf den Bischof zu. Von den drei Lämmern, die sich weiter oben, aber immer noch im irdischen Bereich befinden, steht das einzelne links für Petrus, die beiden

Bild 53
Verklärung mit Lämmerprozession und Apollinaris
(um 549)
Mosaik
Ravenna, Sant' Apollinare in Classe

anderen auf der rechten Seite für die Brüder Jakobus und Johannes. Diese drei Jünger waren Zeugen der Verklärung Jesu und wenden deshalb ihre Köpfe etwas nach oben, dem Goldgrund des göttlichen Bereichs zu. Dort erscheint zwischen Mose und Elija in einem blauen mit goldenen Sternen besetzten Kreis ein großes mit Edelsteinen geschmücktes Kreuz. Im Schnittpunkt der beiden Balken befindet sich ein Medaillon mit dem Porträt Christi. An den Armen des Kreuzes versinnbildlichen Alpha und Omega, der erste und der letzte Buchstabe des griechischen Alphabets, den Anfang und das Ende der Schöpfung.

Die lateinische Inschrift am Fuß des Kreuzes SALUS MUNDI bedeutet ‚Heil der Welt‘. Oben steht das griechische Wort Ichthys (Fisch), das sich aus den Anfangsbuchstaben der griechischen Worte ‚Jesus Christus, Gottes Sohn, Retter‘ zusammensetzt. Gottvater zeigt sich in der Hand über dem Kreuz. Der Verklärte erscheint nicht nur als Sohn Gottes, sondern im Zeichen des Kreuzes auch als Überwinder des Todes.

Diese russische Ikone zeigt die Bildeinteilung, die in den orthodoxen Kirchen für die Verklärung festgelegt und über viele Jahrhunderte hinweg kaum verändert wurde. Figuren und Landschaft sind symmetrisch um die Lichtgestalt Jesu aufgebaut. Dieser erscheint in einem hellweißen Gewand vor einem Stern und einer kreisrunden Aureole, die die Spitze des Berges Tabor verstecken, wo sich die Verklärung zugetragen haben soll. Jesus hat die rechte Hand segnend erhoben, während er in der linken eine Schriftrolle hält.

Von links wendet sich Elija mit langen Haaren und Vollbart dem Verklärten zu, von der anderen Seite Mose, der ein Buch mit dem Gesetz des Alten Testaments in den Händen hält. Beide stehen wie Jesus auf einem Gipfel: Mose auf dem Sinai, wo er von Gott die Tafeln mit den Zehn Geboten erhielt (2.Mose [Exodus] 20) und Elija auf dem Horeb. Dort war ihm Gott erschienen (1.Könige 19).

Ihre Körper folgen der Rundung der Aureole, als wollten sie noch einmal einen Kreis um die göttliche Erscheinung schließen. Hinter Moses und Elija sind jeweils in einer kleinen blauen Wolke zwei Figuren mit Heiligenscheinen zu sehen. Möglicherweise handelt es sich dabei um die Engel, die Mose und Elija zum Berg Tabor gebracht haben.

Im unteren Teil der Ikone werden Petrus, Johannes und Jakobus von Lichtstrahlen getroffen. Petrus vermag als einziger der Blendung standzuhalten, er blickt zu Jesus auf. Der jüngere, bartlose Johannes und sein Bruder Jakobus sind zu Boden gesunken und wenden sich ab. Jakobus hält sich sogar die Hand vor die Augen.

Am rechten und linken Bildrand sind Jesus und seine drei Begleiter abgebildet, wie sie den Berg Tabor hinauf- und wieder herabsteigen. Jesus geht jeweils voran und wendet seinen Blick rückwärts zu den Jüngern hin.

Aureole: Lichtscheibe oder Lichtkreis, der Christus ganz umschließt. Ist die Aureole mandelförmig, dann bezeichnet man sie als Mandorla oder Mandelglorie.
Tabor: Der Tabor wurde schon in frühester Zeit als heiliger Berg verehrt.
Die Evangelisten nennen in ihren Berichten von der Verklärung Jesu den Namen des Berges nicht, doch gehen bereits die frühchristlichen Autoren davon aus, das Wunder habe sich auf dem Tabor ereignet.

*Bild 54 **Verklärung Christi** (1403), Theophanes der Grieche (um 1340-1410)*
Russische Ikone, Eitempera/Leinwand, 184 x 134 cm
Moskau, Tretjakov-Galerie

Giovanni Bellini ist das berühmteste Mitglied einer venezianischen Malerfamilie. Er wurde in Venedig geboren und hat dort bis zu seinem Tod 1516 gelebt. Zu seinen Schülern zählten so bekannte Künstler wie Giorgione und Tizian. Während eines Aufenthalts in Italien sah Albrecht Dürer (1471-1528) Bellinis Bilder und nannte ihn den größten aller venezianischen Maler.

An nackten Felsen vorbei führt ein Weg zu dem kleinen Bergplateau, auf dem sich die Verklärung Christi ereignet. Der detailreich ausgeführte Hintergrund zeigt eine Landschaft mit Wiesen und Feldern. Sanfte Hügel schließen das Bild ab. Die Natur strahlt eine tiefe Ruhe aus.

Der ganz in Weiß gekleidete Jesus scheint von innen her zu leuchten. Er erhebt beide Hände zum Gebet und ist dem Betrachter direkt zugewandt. Mose und Elija tragen keine Heiligenscheine, doch auch ihre Gewänder erstrahlen hell. Bellini hat die drei Gestalten auch durch ihre leichte Übergröße als himmlische Wesen gekennzeichnet.

Die Jünger sind durch einen Erdspalt von den überirdischen Gestalten getrennt. Jakobus und Johannes wenden sich furchtsam von Jesus ab. In der Mitte kniet dagegen ganz ins Gebet vertieft der bärtige Petrus am Boden, sein Blick ist nach oben gerichtet.

Während andere Künstler in ihren Bildern den Alten Bund durch zerfallende Bauwerke symbolisieren, steht bei Bellini dafür ein kahler Baum, der links in den Himmel ragt. Sein Gegenüber trägt indessen kräftiges Laub. Als Zeichen für die stetige Erneuerungskraft der Schöpfung und als Sinnbild für Tod und Auferstehung sprießen zudem frische Triebe aus dem alten abgestorbenen Baumstumpf links im Vordergrund.

Bild 55
Verklärung Christi *(um 1490)*
Giovanni Bellini (um 1430-1516)
Öl/Holz, 115 x 151,5 cm
Neapel, Museo Galleria Nazionale di Capodimonte

DIE VERSUCHTE STEINIGUNG JESU

**Um diese Zeit fand in Jerusalem das Tempelweihfest statt. Es war Winter, und Jesus
ging im Tempel in der Halle Salomos auf und ab. Da umringten ihn die Juden
und fragten ihn: Wie lange noch willst du uns hinhalten? Wenn du der Messias bist,
sag es uns offen! Jesus antwortete ihnen: Ich habe es euch gesagt, aber ihr glaubt nicht.
Die Werke, die ich im Namen meines Vaters vollbringe, legen Zeugnis für mich ab; (...)
Ich und der Vater sind eins. Da hoben die Juden wiederum Steine auf, um ihn zu
steinigen. Jesus hielt ihnen entgegen: Viele gute Werke habe ich im Auftrag des Vaters
vor euren Augen getan. Für welches dieser Werke wollt ihr mich steinigen?
Die Juden antworteten ihm: Wir steinigen dich nicht wegen eines guten Werkes, sondern
wegen Gotteslästerung; denn du bist nur ein Mensch und machst dich selbst zu Gott. (...)
Wenn ich nicht die Werke meines Vaters vollbringe, dann glaubt mir nicht. Aber wenn
ich sie vollbringe, dann glaubt wenigstens den Werken, wenn ihr mir nicht glaubt.
Dann werdet ihr erkennen und einsehen, daß in mir der Vater ist und ich im Vater bin.
Wieder wollten sie ihn festnehmen; er aber entzog sich ihrem Zugriff.
Johannes 10,22-25, 30-33, 37-39**

Zum Altar in St. Wolfgang/Abersee siehe
auch die Bilder 49 und 52.

Pacher stellt die ‚Versuchte Steinigung' in
einer dreischiffigen Kirche dar. Vor dem
Betrachter öffnen sich das Langhaus und
dahinter ein erhöhter Chor. Beide sind
durch einen Lettner mit einer Kanzel
voneinander getrennt. Von dort oben verfolgen zwei vornehm gekleidete Männer

> Langhaus: Längsgerichteter Teil des
> Kirchenbaus, der vom Hauptportal bis
> zum Chor der Kirche reicht.
> Chor: Raum für die Gebete von Geist-
> lichen und Mönchen, an der Stirnseite
> der meist nach Osten ausgerichteten
> Kirche gelegen. Der Chorraum ist vom
> Langhaus oftmals durch Chorschranken
> oder einen Lettner abgetrennt.
> Lettner: Scheidewand mit einem oder
> mehreren Durchgängen zwischen Chor
> und Mittelschiff des Langhauses. Der
> Lettner trägt oben eine Bühne mit Brü-
> stung, auf der früher ein Pult für Lesun-
> gen aus den Evangelien aufgestellt war.

die Vorgänge in der Kirche. Aus den Sei-
tentüren des Lettners treten aufgebrachte
Geistliche und einfach gekleidete Männer, die mit Steinen die Treppe hinunter-
eilen. Andere heben die groben Kiesel im
Langhaus auf. Dort holt einer auch schon
zum Wurf aus. Drei ältere Pharisäer mit
langen Bärten und spitzen Hüten schauen
dem Treiben zu.

Die Schnabelschuhe und die eng anlie-
genden Hosen entsprechen zwar der
abendländischen Mode zu Lebzeiten des
Künstlers. Sehr fremd erscheinen aber die
Kopfbedeckungen der aufgebrachten
Männer. Das schlichte Gewand Jesu und
seine Barfüßigkeit stehen in einem
gewollten Gegensatz zur aufwendigen
Kleidung seiner Kontrahenten und sollen
die Zeitlosigkeit und Dauerhaftigkeit seiner Lehre symbolisieren. Jesus weiß nun,
daß seine Botschaft nicht angenommen
wird. Mit resignierendem Gesichtsausdruck tritt er durch das Tor des Tempels
und verläßt damit auch die jüdische Glau-
bensgemeinschaft.

*Bild 56 **Versuchte Steinigung Jesu***
(vollendet 1481)
Michael Pacher (um 1435-1498)
Altarflügel, Öl/Holz, 175 x 130 cm
St. Wolfgang/Abersee

DIE SALBUNG JESU DURCH EINE FRAU

Von der Salbung Jesu durch eine Frau während eines Gastmahls berichten die Evangelien mit unterschiedlichen Schwerpunkten.

Lukas gibt die Geschichte am ausführlichsten wieder (7,36-50). Bei ihm ist von einer Sünderin die Rede, die während eines Gastmahls bei dem Pharisäer Simon in Erscheinung tritt. Mit ihren Tränen benetzt sie die Füße Jesu, trocknet sie mit ihrem Haar und salbt sie dann mit duftendem Öl. Der Pharisäer nimmt daran Anstoß, daß sie eine Sünderin sei, worauf ihm Jesus entgegnet: „Ihr sind ihre vielen Sünden vergeben, weil sie mir soviel Liebe gezeigt hat. Wem aber nur wenig vergeben wird, der zeigt auch nur wenig Liebe."(Lukas 7,47)

Während Lukas weder Ort noch Zeit nennt, stimmen die Berichte bei Johannes, Matthäus und Markus darin überein, daß die Salbung in Betanien kurz vor oder sogar erst nach dem Einzug in Jerusalem stattfand. Hier empören sich die Jünger darüber, daß das kostbare Öl durch die Salbung verschwendet werde. Jesus deutet jedoch das Verhalten der Frau als vorweggenommene Salbung seines Leichnams. Matthäus und Markus lassen das Mahl bei Simon dem Aussätzigen stattfinden (Matthäus 26,6-13 und Markus 14,3-9). Johannes wiederum berichtet, Jesus sei zu Lazarus und zu seinen Schwestern Maria und Marta gekommen, wo Maria ihm die Füße salbte (Johannes 12,1-8).

Die Salbung Jesu wird in den Evangelien demnach verschiedenen Frauen zugeschrieben. Kirchenvater Augustin (354-430) hat die Sünderin mit Maria Magdalena gleichgesetzt. Seit Gregor dem Großen (540-604) werden in der Legende Maria von Magdala, Maria von Betanien und die ‚große Sünderin‘ als ein und dieselbe Person angesehen. So berichtet es auch die Legenda Aurea, an der sich viele Künstler orientierten.

> Legenda Aurea: (lateinisch = ‚Goldene Legende‘) Titel eines Buchs mit Heiligenlegenden, die von dem Dominikanermönch Jakobus de Voragine (1228/9-1298) zusammengestellt wurden. Es war im Mittelalter weit verbreitet und für viele Künstler eine Quelle der Inspiration.

Der lombardische Maler Giovanni da Milano war zwischen 1346 und 1369 in Florenz tätig. Dort arbeitete er um das Jahr 1365 an einem Magdalenenzyklus in der nach ihren Stiftern benannten Rinuccini-Kapelle. Das Fresko mit der ‚Salbung Jesu durch die Sünderin‘ befindet sich dort in einem der oberen Bogenfelder.

Der italienische Künstler zeigt Jesus und zwei seiner Jünger bei Simon dem Pharisäer, der mit gesenktem Haupt zu Tisch sitzt und seine Hände am Tischtuch abwischt. Die Jünger blicken Jesus vorwurfsvoll an. Einer deutet sogar tadelnd auf die kniende Sünderin. Doch Jesus hebt belehrend den Zeigefinger und verteidigt ihr Handeln. Er vergibt ihr ihre Schuld und vertreibt dadurch sieben Dämonen, die über dem Dach davonfliegen.

hic xps querit beatam magdalenam et eiecit septem demonia a dorso eius ·

Bild 57
Die große Sünderin
(um 1365)
Giovanni da Milano
(nachweisbar 1346-1369)
Fresko aus dem
Magdalenenzyklus
Florenz, Santa Croce
Rinuccini-Kapelle

Ungefähr 70 Jahre nach Giovanni da Milano schuf Lucas Moser für die Kirche in Tiefenbronn bei Pforzheim einen Altar zu Ehren der heiligen Magdalena. Dieser Künstler setzt die Begegnung Jesu mit der Sünderin in die Lünette, die das Altarwerk oben abschließt. Bei beiden Malern ist die Geschichte nicht in das Leben der Heiligen eingeordnet, sondern schwebt darüber, einen Neubeginn in ihrem Leben markierend.

Die ‚große Sünderin' von da Milano und das gleichnamige Werk von Moser stimmen in vielen Details überein: Die lange Tafel ist mit einem weißen Tischtuch bedeckt und steht auf zwei Böcken. Einige Speisen und Getränke sind schon aufgetragen, weitere werden erst noch gebracht. Jesus sitzt am linken Ende des Tisches neben dem Gastgeber. Eine Frau mit langem blonden Haar kniet auf dem Boden und beugt sich zu den Füßen Jesu hinab.

Lucas Moser hat den Besuch Jesu in Betanien und den Besuch bei Simon dem Pharisäer, entsprechend dem Bericht in der Legenda Aurea, bildlich zusammengefaßt. Hier sitzt Simon als Gastgeber zwischen Jesus und Petrus, Marta trägt die Speisen auf und Maria trocknet Jesus mit ihrem Haar die Füße. Rechts wendet sich Lazarus dem Apostel Petrus zu.

Giovanni da Milanos Architekturkulisse spiegelt den Baustil der Zeit, die italienische Gotik, wider. Wie bei einem Bühnenbild zeigt er zugleich das Innere und das Äußere eines stattlichen Steinhauses. Der Künstler schafft damit einen Raum, in den sich die Figuren perspektivisch korrekt einordnen. Lukas Moser hingegen wählt noch den Goldgrund, verzichtet ganz auf architektonische Elemente und komponiert sein Gastmahl unter optimaler Ausnutzung der begrenzten Malfläche. An einem Spalier hinter dem Tisch rankt ein Weinstock in die Höhe, dessen rote

Trauben Sinnbild für das vergossene Blut Jesu sind. Auch das Brot, das in Laiben und Scheiben auf dem Tisch liegt, verweist bereits auf das Abendmahl. Giovanni da Milano ist in seiner Symbolik zurückhaltender, stellt aber dieselbe Verbindung her: Auf dem Tisch, ganz an den vorderen Rand geschoben und somit keinem der Speisenden zugeordnet, stehen gefüllte Weingläser neben kleinen runden Brotlaiben.

> Lünette: (französisch = kleiner Mond) Bogenfeld, das häufig die Nische über einer Tür oder einem Fenster abschließt.

Bild 58
Die große Sünderin, *(1432)*
Lucas Moser
(1390 bis nach 1434)
Aufsatz des Magdalenenaltars
Öl/Eichenholz
Scheitelhöhe 68 cm, Breite der Basis 163 cm
Tiefenbronn, Pfarrkirche

DER EINZUG IN JERUSALEM

Nach dieser Rede zog Jesus weiter und ging nach Jerusalem hinauf. Als er in die Nähe von Betfage und Betanien kam, an den Berg, der Ölberg heißt, schickte er zwei seiner Jünger voraus und sagte: Geht in das Dorf, das vor uns liegt. Wenn ihr hineinkommt, werdet ihr dort einen jungen Esel angebunden finden, auf dem noch nie ein Mensch gesessen hat. Bindet ihn los, und bringt ihn her! Und wenn euch jemand fragt: Warum bindet ihr ihn los?, dann antwortet: Der Herr braucht ihn.
Die beiden machten sich auf den Weg und fanden alles so, wie er es ihnen gesagt hatte. Als sie den jungen Esel losbanden, sagten die Leute, denen er gehörte: Warum bindet ihr den Esel los? Sie antworteten: Der Herr braucht ihn.
Dann führten sie ihn zu Jesus, legten ihre Kleider auf das Tier und halfen Jesus hinauf. Während er dahinritt, breiteten die Jünger ihre Kleider auf der Straße aus. Als er an die Stelle kam, wo der Weg vom Ölberg hinabführt, begannen alle Jünger freudig und mit lauter Stimme Gott zu loben wegen all der Wundertaten, die sie erlebt hatten. Sie riefen: *Gesegnet sei* der König, *der kommt im Namen des Herrn.* Im Himmel Friede und Herrlichkeit in der Höhe! Da riefen ihm einige Pharisäer aus der Menge zu: Meister, bring deine Jünger zum Schweigen!
Er erwiderte: Ich sage euch: Wenn sie schweigen, werden die Steine schreien.
Lukas 19,28-40

Der ‚Einzug in Jerusalem' gehört zu den Freudenszenen im Erdenleben Jesu und wurde bereits in frühchristlicher Zeit auf Sarkophagen abgebildet. Typisch war dabei die Orientierung an den Darstellungen der Triumphzüge römischer Kaiser. Der Ritt von links nach rechts, die herrschaftliche Geste und die Verehrung der Zuschauer wurden vom Kaiser auf Jesus übertragen.

Meister Bertram ist einer der wenigen nordeuropäischen Künstler des 14. Jahrhunderts, deren Namen und Person nicht ganz im dunkeln geblieben sind. Er wurde um 1335 in der Umgebung von Minden geboren und verbrachte seine Lehrjahre in Prag, wo zu jener Zeit Karl VI. residierte. Vom Hof des Kaisers gingen künstlerische Impulse aus, die sich im Bereich der Malerei in einer größeren Plastizität und Lebendigkeit äußerten. Bertram lebte und arbeitete später in Hamburg, wo er hoch angesehen 1414 oder 1415 starb.

Der ‚Einzug in Jerusalem' stammt von einem dreiteiligen Flügelaltar, der insgesamt 16 Szenen aus der Passion zeigt. Erst 1929 entdeckten ihn Kenner auf einer Auktion. Sein sehr guter Erhaltungszustand deutet darauf hin, daß er lange Zeit verschlossen gestanden hat.

Meister Bertram verlegt das Ereignis aus der ursprünglich orientalischen Umgebung in seine eigene Heimat. Die Stadt Jerusalem ist nicht zu sehen und die Palmwedel sind durch Zweige von Laubbäumen ersetzt. Figuren und Landschaftselemente malt Meister Bertram noch vor einem Goldgrund, so daß sie wie aufgesetzt wirken. Doch die Körper und Gesichter der Personen erscheinen schon plastisch und individuell gestaltet.

*Bild 59 **Einzug in Jerusalem** (1390-1400), Meister Bertram (um 1335-ca. 1415)*
Ausschnitt des linken Flügels des Passionsaltars, Tempera/Eichenholz
Hannover, Niedersächsische Landesgalerie

Jesus kommt von links auf dem Esel geritten. Er erhebt segnend die Hand und blickt nach unten, wo ein Greis sein Gewand auf dem Weg ausbreitet und ein älterer Mann die Hände faltet. Ein junger Bursche ist auf den Baum geklettert und haut dort Zweige ab. Gemeinsam mit zwei Männern wirft er sie Jesus zu.

Mit dem Einzug in Jerusalem geht Jesu Wirken in der Öffentlichkeit zu Ende. Deshalb schließt dieses Buch über das Leben Jesu auch mit diesem Ereignis, das am Palmsonntag gefeiert wird.

ZU DEN MOSAIKEN AUS DER KIRCHE
SANT' APOLLINARE NUOVO IN RAVENNA

Die Bilder 19, 20, 22 und 25.

Die Basilika Sant' Apollinare Nuovo wurde im Auftrag des Ostgotenkönigs Theoderich (gest. 526) zu Beginn des 6. Jahrhunderts neben dessen Palast in Ravenna erbaut. Sie war dem Erlöser geweiht und diente ursprünglich dem arianischen Kultus, wurde aber von Kaiser Justinian (527–565) den Katholiken übergeben. Den Namen Sant' Apollinare Nuovo erhielt die Palastkirche jedoch aus folgendem Grund: In der Kirche Sant' Apollinare in Classe am Hafen von Ravenna befanden sich die Gebeine des Heiligen Apollinaris. Im 9. Jahrhundert fürchtete man wegen der Bedrohung durch Piraten um die sterblichen Überreste des Kirchenpatrons. Deshalb wurden sie in die Palastkirche Theoderichs in der Innenstadt überführt und die Basilika fortan Sant' Apollinare Nuovo genannt. Die Gebeine wurden, als die Gefahr gebannt war, jedoch wieder an ihren Ursprungsort zurückgebracht.

Basilika: Im Römischen Reich Bezeichnung für eine langgestreckte Halle, in der Märkte und Gerichtsverhandlungen abgehalten wurden. Ihr Mittelschiff oder Langhaus war breiter und höher als die Seitenschiffe und erhielt sein Licht durch Fenster in der Wand über den Seitenschiffen. Die Christen übernahmen für ihre Gotteshäuser neben der baulichen Gliederung und dem Namen in der Regel auch die Ausrichtung der Basilika nach Osten und den halbrunden Anbau, Apsis genannt, an der Stirnseite gegenüber dem Eingang.
Mosaik: Bilder, die durch das dichte Aneinanderfügen von kleinen farbigen Steinen oder Glasteilen entstehen. Werden die Mosaiksteinchen in ein Mörtelbett versetzt, kann diese Technik nicht nur bei Fußböden, sondern auch bei Wänden und Gewölben Anwendung finden. Der Goldgrund wird aus Glaswürfeln mit Blattgoldeinlagen gefertigt.

Noch während der Regierungszeit des Ostgotenkönigs entstand ein großer Teil der wertvollen Mosaiken, für die die Kirche berühmt ist. An den beiden Wänden des Mittelschiffs sind auf einem leuchtenden Goldgrund in drei Reihen übereinander verschiedene Szenen dargestellt: Die linke Wandseite zeigt ganz unten den Hafen von Classe und einen Zug heiliger Frauen, die auf die thronende Maria mit Christuskind zuschreiten. Rechts ist auf gleicher Höhe der Palast Theoderichs abgebildet und heilige Männer, die sich dem thronenden Christus nähern. Den mittleren Streifen nehmen auf beiden Seiten Propheten ein. Die oberste Reihe ist dann dem Christuszyklus vorbehalten, der die im Buch besprochenen Mosaike enthält. Während hier auf der linken Seite Stationen des Lebens Jesu und ganz besonders seine Wundertaten zu sehen sind, widmet sich die rechte Wandseite ausschließlich Jesu Leiden und Sterben.

In fast allen Mosaiken mit Wundertaten Jesu nehmen der jugendliche und bartlose, in Königspurpur gekleidete Gottessohn und der ihn begleitende Jünger gut eine Hälfte des Bildraumes ein. Die Darstellung des Wunders beschränkt sich jeweils auf das Wesentliche. Bemerkenswert ist auch, daß der Jünger stets seine Hand erhoben hält. Die römischen Senatoren drückten mittels dieser Geste, die als Akklamation bezeichnet wird, ihre Zustimmung zu den Entscheidungen des Kaisers aus. Hier hat die Handhaltung jedoch den Charakter einer Bekräftigungsformel. Der Jünger wird als Zeuge des Wunders verstanden und signalisiert seine Bewunderung für Jesu Tun.

ZU DEN OTTONISCHEN BUCHMALEREIEN

Die Bilder 30, 32 und 51 aus dem Egbert-Codex, die Bilder 43 und 44 aus dem Evangeliar Ottos III. und die Bilder 14, 31 und 37 aus dem Hitda-Codex.

Nach der Kaiserkrönung Ottos des Großen 962 in Rom beginnt die Wiedererstarkung des Deutschen Reiches, mit der auch eine Neubelebung der bildenden Künste verbunden ist. Neben den wenigen noch erhaltenen Gebäuden und zahlreichen Elfenbein- und Bronzearbeiten kann die Buchmalerei, die in den Werkstätten der Klöster auf der Reichenau, in Echternach und in Köln entstand, bis heute ein lebhaftes Bild von der Prachtentfaltung des damaligen Kunstschaffens geben. Wesentlich größer noch als die künstlerische war zu jener Zeit die sakrale Bedeutung dieser kostbaren Handschriften. So galt ihnen dieselbe Verehrung wie den Reliquien oder dem Kreuz. Äußerlich wurde dies durch aufwendige Verzierungen und die Verwendung der teuersten Materialien für die Codices zum Ausdruck gebracht.

Bei den Malereien fällt auf, daß keinerlei Interesse für die realistische Wiedergabe von Menschen, Architektur oder Natur bestand. Es gibt keine Landschaften, die Geschehnisse stehen isoliert, ohne wirkliche Umgebung da. Die ottonischen Buchmalerei ist von der Suche nach der allgemeingültigen Formel, dem Ausdruck des Ewigen bestimmt.

Der Egbert-Codex verdankt seinen Namen dem Erzbischof Egbert von Trier, der das reich ausgestattete Evangelistar in Auftrag gab und sich damit selbst ein Denkmal setzte. Er war Kaplan der Kaiser Otto I. und Otto II. und der größte Förderer der Künste im Reich. Die Handschrift, die um 980 im Kloster auf der Bodenseeinsel Reichenau entstanden ist, enthält 51 Miniaturen zum Neuen Testament und damit den umfangreichsten geschlossenen Zyklus zum Leben Jesu in der Buchmalerei. Die Mönche griffen hier noch auf antike Vorlagen zurück. Dies gilt insbesondere für die Gesten der Figuren und ihre Kleidung, für die Gebäudeformen und die lateinischen Inschriften, aber auch für die Rahmung mit den kleinen Goldrhomben und die Gestaltung des

Bildhintergrunds mit seinen hellen Tönungen. Trotzdem erhält der Codex durch den weitgehenden Verzicht auf die Darstellung von Räumlichkeit und die Gestaltung des Hintergrunds einen ganz eigenen Charakter.

Mit Kaiser Otto III. ist der Zenit der ottonischen Herrschaft erreicht. Sein um das Jahr 1000 für den persönlichen Gebrauch angefertigte Evangeliar gilt als ein Höhepunkt der Reichenauer Buchkunst. Die Künstler entfernten sich hier jedoch schon weit von antiken Bildvorstellungen. Mehr noch als im Codex Egberti sind die Figuren schwerelos ihrer irdischen Wirklichkeit enthoben. Sie haben eine über-räumliche und damit überzeitliche Dimension erreicht.

Der Hitda-Codex ist nach der Äbtissin Hitda von Meschede benannt, für die das Evangelistar zwischen 1000 und 1020 geschaffen wurde. Das von ihr um die Jahrtausendwende geleitete Nonnenkloster in Westfalen unterhielt rege Kontakte nach Köln, und so wurden die dortigen Mönche mit der Anfertigung des Buches beauftragt. Der Hitda-Codex zeigt die Jugendgeschichte, die Wundertaten und die Passion Christi. Anders als im Egbert-Codex stehen die Figuren hier nicht vor einem weiten, offenen Hintergrund, sondern vor stark bewegten übereinanderliegenden Farbflächen. Ihren Ausdruck erhalten diese Miniaturen durch den stark geschwungenen Pinselstrich und die kräftige Farbgebung.

ZU DEN FRESKEN DER SIXTINISCHEN KAPELLE IM VATIKAN

Die Bilder 9, 10 und 45.

Papst Sixtus IV. ließ die nach ihm benannte ‚Sixtina‘ in der Zeit von 1473 bis 1477 erbauen. Die Kapelle war als ein Ort der Repräsentation gedacht. Sie sollte für Empfänge wichtiger Staatsgäste, päpstliche Konklaven, für größere Messen und andere öffentliche Anlässe genutzt werden. Ihre Berühmtheit verdankt die Sixtinische Kapelle den Fresken Michelangelos an Decke und Stirnwand. Die bereits Ende des 15. Jahrhunderts entstandenen Wandgemälde der toskanischen und umbrischen Meister der Frührenaissance Sandro Botticelli, Luca Signorelli, Domenico Ghirlandaio, Cosimo Roselli und Pietro Perugino finden bei den Besuchern daher oft nur wenig Beachtung. Gerade in ihren Bildern entfaltet sich jedoch ein interessanter theologischer Gesamtplan, den Sixtus IV. mit seinen Beratern ausgearbeitet hatte.

Von dem ursprünglichen Bildprogramm sind heute nur noch die Fresken an den beiden Seitenwänden erhalten. Die Decke, anfänglich ein mit goldenen Sternen übersäter blauer Himmel, und die Altarwand, die auch die beiden Anfangsbilder des Freskenzyklus enthielt, wichen der Schöpfungsgeschichte und dem Jüngsten Gericht Michelangelos. Bei der Sanierung der Eingangswand 1538 wurden die beiden Schlußfresken so stark beschädigt, daß sie ersetzt werden mußten.

Die Malereien der Sixtina zeigen auf der einen Seite Ereignisse aus dem Leben Mose und auf der gegenüberliegenden Wand Szenen aus dem Leben Jesu. Damit wurde eine seit frühchristlicher Zeit bestehende Tradition fortgeführt, Geschehnisse des Alten als Hinweise auf Begebenheiten des Neuen Testaments zu deuten und sie einander gegenüberzustellen. Diese Absicht wird durch die Tituli, die Papst Sixtus in lateinischer Sprache unter die Fresken setzen ließ, besonders deutlich. Sie erklären und kommentieren den Inhalt der jeweiligen Szene und bieten damit eine wichtige Hilfe zu ihrem Verständnis.

Der Bildzyklus läßt sich grob in drei Abschnitte unterteilen. Am Anfang stehen Ereignisse, die vor dem jeweiligen ersten öffentlichen Auftreten von Mose und Jesus stattgefunden haben. Dazu gehört das auf den Seiten 28 und 29 abgebildete Fresko ‚Versuchung Christi, Überbringer des Gesetzes des Evangeliums‘ von Sandro Botticelli. Ihm steht die ‚Versuchung Mose, des Trägers des Alten Bundes‘, ebenfalls von Botticelli, gegenüber.

Zu Beginn des zweiten Teils, der das Wirken der beiden Männer für das jüdische Volk schildert, ist auf der neutestamentlichen Wandseite die ‚Berufung der Jünger‘ von Domenico Ghirlandaio (Seiten 32 und 33) zu sehen. Die alttestamentliche Entsprechung ist hier der ‚Zug des Volkes Israel durch das Rote Meer und der Untergang des Pharao‘ vom selben Künstler.

Der dritte Abschnitt zeigt, wie der Nachfolger Mose erwählt und der erste Statthalter Christi auf Erden berufen wird; darüberhinaus stellt er den Abschied von Mose und Jesus von ihrem Volk dar. Pietro Peruginos ‚Christus übergibt Petrus die Schlüssel zum Himmelreich‘ auf den Seiten 102 und 103 ist das wichtigste Bild dieser Gruppe und für den gesamten Zyklus von zentraler Bedeutung.

Der ‚Schlüsselübergabe‘ ist auf der gegenüberliegenden Wand als alttestamentliches Bezugsbild die ‚Bestrafung der Rotte Korach‘ von Sandro Botticelli zugeordnet. Die Anführer dieser Gruppe wurden mit ihren Familien von der Erde verschlungen, weil sie sich gegen Mose und seine gottgegebene Führungsrolle aufgelehnt hatten (4.Mose [Numeri] 16). Sixtus IV. bekräftigte mit der Gegenüberstellung dieser beiden Themen seinen Anspruch, als Nachfolger Petri das von Gott auserwählte Oberhaupt der Christenheit zu sein. Er drohte jedem mit einer harten Strafe, der es wagte, seine Position in Frage zu stellen.

Der Freskenzyklus der Sixtina zeigt Christus und Mose als Begründer und Anführer ihrer religiösen Gemeinden, in deren direkter Nachfolge das Papsttum steht. Sie sind dabei in erster Linie Gesetzgeber und priesterliche Herrscher und nicht Retter der Menschen, Heiler oder Seelsorger. In dem Bildprogramm der Frührenaissance sollte sich die Kirche mit dem Papst als Oberhaupt den Klerikern und Staatsmännern, die die Kapelle besuchten, primär als eine Institution mit Machtansprüchen und nicht als Ort zur Rettung der menschlichen Seele präsentieren.

Verzeichnis der erklärten Begriffe

Literaturnachweis

Die Evangelientexte sind der Einheitsübersetzung der Bibel entnommen, die
1980 im Auftrag der Bischöfe der deutschsprachigen Länder und - für die Psalmen
und das Neue Testament - auch im Auftrag des Rates der Evangelischen Kirche
und der Evangelischen Kirche in
Deutschland und des Evangelischen
Bibelwerks herausgegeben wurde.

Benutzte Fachliteratur

Allgemeine Nachschlagewerke

Jahn, Johannes: Wörterbuch der Kunst.
Begründet v. Johannes Jahn, fortgef. v.
Wolfgang Haubenreisser, 10. Aufl.,
Stuttgart 1983.

Kindlers Malerei Lexikon.
Hrsg. v. Hermain Bazin u.a., 12 Bde.,
München 1985.

Künstle, Karl: Ikonographie der
christlichen Kunst, 2 Bde.,
Freiburg i. Br. 1926-1928.

Lexikon der christlichen Ikonographie.
Hrsg. v. Engelbert Kirschbaum SJ in
Zusammenarbeit mit Günter Bandmann,
Wolfgang Braunfels u.a., 8 Bde.,
Freiburg i. Br., Rom, Basel und Wien
1968-1976.

Lexikon der Kunst.
Begründet von Gerhard Strauss.
Hrsg. v. Harald Olbrich, 7 Bde.,
Leipzig 1987-1994.

Lexikon für Theologie und Kirche.
Begründet v. Michael Buchberger.
Hrsg. v. Josef Höfer
und Karl Rahner, 14 Bde., Sonderausgabe
Freiburg i. Br. 1986.

Reclams Lexikon der Heiligen und der
biblischen Gestalten.
Legende und Darstellung in der
bildenden Kunst.
Von Hiltgart L. Keller, 7. Aufl.,
Stuttgart 1991.

Schiller, Gertrud: Ikonographie der
christlichen Kunst.
Bd.1 (Inkarnation - Kindheit - Taufe -
Versuchung - Verklärung - Wirkung
und Wunder Christi),
Gütersloh 1966.

Einzeldarstellungen

Delbrueck, Richard: Probleme der
Lipsanothek in Brescia (Theophaneia 7).
Bonn 1952. (Zu Bild 36)

Ginzburg, Carlo: Erkundungen über
Piero. Piero della Francesca, ein Maler
der frühen Renaissance.
Frankfurt a. M. 1991. (Zu Bild 4)

Jaeger, Wolfgang: Die Heilung des Blinden in der Kunst.
Sigmaringen 1976. (Zu Bild 23)

Janssen, Pierre: Kunstgriffe.
Zum Begreifen der Kunst.
Hanau 1963. (Zu Bild 41)

Jantzen, Hans: Ottonische Kunst.
Hamburg 1959.
(Zu den Bildern 43 und 44)

Kurth, Julius: Die Wandmosaiken von Ravenna, 2. Aufl.,
München 1912. (Zu Bild 22)

Lightbown, Ronald: Sandro Botticelli.
Leben und Werk.
München 1989. (Zu Bild 9)

Martin, Kurt: Die ottonischen Wandbilder der St.Georgskirche Reichenau-Oberzell.
Sigmaringen 1975. (Zu Bild 28)

Mayr-Harting, Henry: Ottonische Buchmalerei. Liturgische Kunst im Reich der Kaiser, Bischöfe und Äbte. Stuttgart / Zürich 1991. (Zu den Bildern 14, 30, 31, 32, 37 und 51)

Micheletti, Emma:
Domenico Ghirlandaio,
Florenz, 1990. (Zu Bild 10)

Müller, Werner Y.: Giotto als Symbol.
Die Arenakapelle zu Padua.
Bern 1966. (Zu Bild 39)

Nepi, Giovanna Scirè: Die Accademia in Venedig. Meisterwerke venezianischer Malerei.
München/Venedig 1991,
Siehe Bild 185 / Kat.Nr.104. (Zu Bild 13)

Pfaff, Franz Ludwig/Hermann Brommer:
Gotische Basilika St. Maria Magdalena Tiefenbronn.
Schnell, Kunstführer Nr.214, 5. Aufl.,
München und Zürich 1986. (Zu Bild 58)

Stützer, Herbert Alexander: Ravenna und seine Mosaiken.
Köln 1989.
(Zu den Bildern 19, 20, 22 und 25)

Tanner, M.: Concordia in Piero della Francescas Baptism of Christ. In:
The Art Quarterly XXXV (1972), S. 1-20.
(Zu Bild 4)

Zweite, Armin: Marten de Vos als Maler.
Berlin 1980. (Zu Bild 50)

Bildnachweis

	Bildnummern
Colorphoto Hinz, Allschwil-Basel	3, 29
Rijksmuseum Vincent van Gogh, Amsterdam	41
Provinciebestuur van Antwerpen	50
The Walters Art Gallery, Baltimore	16
Archiv für Kunst und Geschichte, Berlin	13, 22, 39, 45
Archiv für Kunst und Geschichte, Berlin, Foto: Erich Lessing	24
Isabella Stewart Gardner Museum, Boston	15
Musées Royaux des Beaux-Arts de Bélgique, Brüssel, Foto: Speltdoorn	11
Editions Houvet, Chartres	2
Hessische Landesbibliothek, Darmstadt	14, 30, 37
Hessisches Landesmuseum, Darmstadt	26
Deutsche Fotothek, Dresden, Foto: Grossmann	54
Staatliche Kunstsammlungen Dresden, Gemäldegalerie Alte Meister, Foto: Klut	33
Scala, Florenz	8, 9, 10, 12, 17, 19, 20, 25, 53, 55, 57
Bild- und Filmstelle der Erzdiözese Freiburg i.Br.	28
Universitätsbibliothek Freiburg i.Br.	1, 6, 7
Kunstanstalt Jakob Krapohl, Grevenbroich	46
Kunsthalle Hamburg, Foto: Elke Walford	18
Niedersächsisches Landesmuseum, Landesgalerie, Hannover	59
Dom- und Diözesanmuseum Hildesheim	35
Trésor de la Cathédrale, Liège	42
National Gallery, London	4, 21
Archiv Farbdias Fred Wirz, Luzern	47, 48
Bayerische Staatsbibliothek, München	27, 43, 44
Hirmer Verlag, München	36
Dr. Johannes Steiner, München	5
Erzbischöfliches Ordinariat, Kunstreferat, München, Foto: Mayer'sche Hofkunstanstalt GmbH	23
Arthothek, Peissenberg, Foto: Joachim Blauel	38
Kunstverlag Hofstetter, Ried im Innkreis	49, 52, 56
Staatliches Museum Schwerin, Graphische Sammlung	40
Foto-Kirchhoff GmbH Fritz Wentz, Stuttgart	58
Staatsgalerie Stuttgart	34
Stadtbibliothek Trier	31, 32, 51

Inhaltsverzeichnis